我们的教育成长与教学风格

省级特殊教育名师工作室的实践探索

刘少敏◎主编

安徽师范大学出版社
ANHUI NORMAL UNIVERSITY PRESS
·芜湖·

图书在版编目(CIP)数据

我们的教育成长与教学风格：省级特殊教育名师工作室的实践探索 / 刘少敏主编．—芜湖：安徽师范大学出版社，2023.9

ISBN 978-7-5676-6406-7

Ⅰ．①我… Ⅱ．①刘… Ⅲ．①特殊教育－教学研究Ⅳ．①G76

中国国家版本馆CIP数据核字(2023)第194779号

我们的教育成长与教学风格：省级特殊教育名师工作室的实践探索　　刘少敏◎主编

WOMEN DE JIAOYU CHENGZHAGN YU JIAOXUE FEGNGE

SHENGJI TESHU JIAOYU MINGSHI GONGZUOSHI DE SHIJIAN TANSUO

责任编辑：潘　安　　责任校对：辛新新

装帧设计：王晴晴　　责任印制：桑国磊

出版发行：安徽师范大学出版社

芜湖市北京中路2号安徽师范大学赭山校区

网　　址：http://www.ahnupress.com/

发 行 部：0553-3883578　5910327　5910310(传真)

印　　刷：苏州市古得堡数码印刷有限公司

版　　次：2023年9月第1版

印　　次：2023年9月第1次印刷

规　　格：700 mm × 1000 mm　1/16

印　　张：15.75

字　　数：283千字

书　　号：ISBN 978-7-5676-6406-7

定　　价：62.00元

序

随着《国家中长期教育改革和发展规划纲要（2010—2020年）》的颁布，中国特殊教育的发展逐步进入了快车道。第一期《特殊教育提升计划》（2014—2016年）提出“加强特殊教育教师队伍建设”，第二期《特殊教育提升计划》（2017—2020年）提出“加强专业化特殊教育教师队伍建设”，《“十四五”特殊教育发展提升行动计划》（2021—2025年）再次提出“加强特殊教育教师队伍建设”，这些表明国家对特殊教育教师队伍的建设在分步、分阶段进行，并通过《特殊教育教师专业标准（试行）》明确具体要求。

为了贯彻落实中共中央、国务院关于全面深化新时代教师队伍建设的有关部署，落实特殊教育三期提升计划，广东省通过“三名”工作室加强特殊教育教师队伍建设，这是非常有效的强师举措。刘少敏“心语特教”名教师工作室就是其中之一。

名师工作室是教师学习的共同体，是教师队伍建设的阵地。“心语特教”名教师工作室通过诊学精准分析学员情况和需求，制订培养方案，规划工作室运行路径；以“洋葱模型”理论为指导，通过“联合式”“项目式”“主题式”等方式共同开展实体与网络相结合的线上线下的学科研究、教改探索和教学反思等活动，引领区域特教教师专业成长，助力特殊教育高质量发展。《我们的教育成长与教学风格——省级特殊教育名师工作室的实践探索》就是“心语特教”共同体辛勤努力结出的硕果，是成员成长的心路历程与成果汇报，也是工作室提交的答卷。

《我们的教育成长与教学风格——省级特殊教育名师工作室的实践探索》汇集了13位工作室成员的教育成长故事、教学风格和教学设计实例，以朴素、感人的语言述说了各自在特殊教育岗位上的所思所想、所做所获。他们经历过初为人师的迷茫、专业发展的困惑，经历过由名师指导后的顿悟，经历过共研、共学、共享、共成长的快乐与幸福。字里行间展现了仁而爱人、乐观向上、甘于奉献的新时代特教教师的光辉形象。

娓娓道来的述说，非常值得大家用心去阅读。它能引发我们去感悟、去思考、去借鉴、去规划，以行动促进自己的专业发展，助力特殊儿童更好地发展。

王　辉

2023年8月

前　言

为了贯彻落实中共中央、国务院关于全面深化新时代教师队伍建设改革的有关部署要求，加强广东省中小学教师队伍建设，2021年3月，广东省教育厅开展了新一轮（2021—2023年）名教师、名校（园）长、名班主任工作室主持人遴选。刘少敏名教师工作室因上一轮（2018—2020年）工作室考核优秀，刘少敏连任新一轮工作室主持人。工作室入室学员12人，分别来自粤西地区各所特殊教育学校，涉及听障、视障和培智教育专业。在2021—2023年，主持人沿用上一轮工作室名字“心语特教”（意为“用心用情培养专业的特教教师”），在省、市等相关部门指导下，按照《广东省中小学名教师、名校（园）长、名班主任工作室的管理办法》要求，通过诊学精准分析学员情况和需求，制订培养方案，规划工作室运行路径，共同开展基于线上和线下的学科研究、教改探索和教学反思等活动，建立了实体与网络相结合的新型工作室，引领区域特殊教育教师专业成长。

名教师工作室是教师学习的共同体，也是教师队伍建设的阵地。刘少敏名教师工作室通过带动一批骨干特殊教育教师群体研修，形成整体推进、共同提升的专业成长良性发展机制，助力特殊教育高质量发展。2021年9月，在华南师范大学教师教育学部罗一帆副部长的指导下，工作室以“洋葱模型”理论为指导，通过“联合式”“项目式”“主题式”培养路径，立足本校，整合学校的省级校本研修示范校项目资源，为学校师资队伍固本强基；同时面向区域，与海南、粤西等地区特殊教育学校网络学员组成共同体，开展“五共”研学（共学、共读、共写、共研、共享）和“五味”特教课堂等线上线下研修活动，协同区域特殊教育教师共生共长。为了扩大工作室的辐射范围，主持人创新研修模式，联合京、苏、粤、沪、浙等地区特殊教育学校及名教师工作室联合开展研修活动，搭建平台让教师找标杆、寻差距，产生了“集聚效应”和引发“辐射效应”，连片成带带动省内外特殊教育教师专业成长，推动了特殊教育的均衡发展。

党的二十大报告指出，讲好中国故事，传播好中国声音，展现可信、可爱、可敬的中国形象。特殊教育作为基础教育的重要组成部分，讲好特殊教育故事，分享特殊教育教师专业成长的成功经验，展现立体的特殊教育教师形象，激励更多特殊教育教师扎根特殊教育，是名教师工作室的使命。为了给年轻教师树立榜样，工作室征集了助手与入室学员的专业成长故事。她们用质朴的语言述说着教育成长历程，表达了初为人师的迷茫、专业发展的困惑以及在学习中超越自我、在成长中享受幸福教育的快乐，展现了仁而爱人、潜心育才、甘于奉献的特殊教育好教师形象。

教学风格是教师教学思想、教学艺术特点的综合表现，是教师教学成熟的标识。工作室入室学员均为学校的骨干教师，为了促进学员对教学的思考，让她们走出教学舒适区，走向有深度的教学研究，工作室在培养过程中，通过“自我认识、观察模仿、专家指导、表达风格、实践反思、修改完善”等模块，引导学员思考、提炼和表达个人的教学风格，并在教学中实践、反思和提升。每一位助手和入室学员都提炼和表达了个人的教学风格，提供了与教学风格匹配的课堂实例，期望能为一线特殊教育教师提供学习参考。

本书是新一轮（2021—2023年）广东省刘少敏名教师工作室的研修成果，汇集了助手和入室学员的教育成长故事、教学风格和教学设计实例。在工作室研修活动中，王辉教授对学员的教学设计做了精心指导；责任编辑对文稿撰写、信息整理等方面提出了宝贵意见；每一位助手和学员都积极参与，反复打磨和修改文稿，为读者展示了粤西特殊教育教师的风采。

限于水平，本书难免存在不完善之处，敬请各位同行批评指正。

编　者

2023年8月8日

目　录

洪　婷　善美语文

洪　婷　湖北浠水人，1986年生。2012年华中师范大学硕士研究生毕业。现执教于广东省湛江市特殊教育学校，特殊教育高级教师。省市名校长、名教师工作室助手、学员。主持或参与省市级课题10多项。课例在国家、省、市比赛中多次获奖。曾获市青年教师技能大赛一等奖(第一名)。培养出听障大学生30多名。公开发表论文多篇。

名师引路，点亮心光

生命的绚丽多姿在于我们能跟一个又一个不同的人相遇，有的人擦肩而过装点了岁月，有的人朝夕相处温暖了时光，有的人示范引领充实着每一天。我身边就有这样一些名师引领着我在专业成长之路上披荆斩棘，一路向前。是他们在我迷茫困惑不知路在何方时，为我拨开迷雾，指引方向；也是他们，让我感受到了生命的价值和意义，燃烧自己，点亮他人，为特殊教育教育事业倾情奉献，呕心沥血。

一、名师把脉，从教学小白到初露锋芒

2012年8月，传播学毕业的我刚入职特殊学校就被安排在听障班任教，我既不会手语又不懂上课，每天迎接我的都是压力和挑战。湛江市名教师林观兰老师那时是我的部门领导，也是我教学上的启蒙老师。她教我手语，亲自指导我写教学设计，还向我传授与听障生相处的方法。广东省名校长黄岱老师时常询问我刚工作感觉怎么样。广东省名教师刘少敏老师每学期都主动带头上公开课，我总能从她的课堂中汲取到营养。省市名校长、名教师的鼓励、支持和亲身示范，给了我莫大的动力，指引着我开启了苦学手语和钻研教学的历程。

我的第一次公开课非常失败。课后，黄校长当场点评。他教导我在听障班中应以形象直观教学为主，古诗词教学可以充分发挥简笔画的作用，他还现场作画演示。黄校长一番话让我茅塞顿开：听障生由于听力有缺陷，理解能力有限，我讲授的古诗词太抽象了，而且我以讲授法为主，所以学生理解起来很难。有了这个感悟，我一边阅读专业书，一边探索直观教学法，如情景演绎、动手操作、游戏互动等，之后，我将直观教学法用于《我的叔叔于勒》《变脸》等公开课，得到同行的一致好评。后来，我每一次公开展示都

得到了黄岱校长、刘少敏副校长、林观兰副校长的诊断式指导，是这些名师促使我在专业上步步向前。

在他们的影响下，我工作至今累计获得国家级、部级奖项3次，省级奖项10次，市级奖项15次，公开发表论文多篇，主持或参与省、市级重点课题10项。2017年我的课例获教育部优质课；2018—2020年，被聘为省、市“三名”工作室助手、入室学员和成员；2019年获市青年教师教学能力大赛特殊教育组一等奖（第一名），被授予市“五一劳动奖章”，同年获省教学能力大赛三等奖；2021年被评为南粤优秀教师。

这些点滴进步，都离不开身边几位名师平时手把手教导，是他们让我从教学小白成为稍稍有点自信的特殊教育专业教师。我感恩遇见，感谢每一次成功背后诸多老师默默用力助推。

二、名师领航，加入“三名”工作室促成长

黄岱校长、刘少敏副校长为我搭建平台，让我担任广东省黄岱名校长工作室助手，成为广东省刘少敏名教师工作室入室学员、助手以及市黄岱名教师工作室成员。成为省、市级工作室一员后，我同时遇见省特殊教育名校长陈辉，省特殊教育名师邓晓红、陈丽江、马善波等。名校长、名师的榜样引领，带给我专业追求上的触动和专业精神上的影响，让我有信心走向更美好的未来。

（一）追随名师体会特教情怀

黄校长一直是我的引路人，跟刘少敏副校长在工作上产生交集是在加入名师工作室后。作为工作室助手兼学员，我对两位老师的认识和理解是随着工作室活动的开展而逐步加深的，从他们身上我感受到优秀特教人（“特教”系“特殊教育”的简称，“特校”系“特殊学校”的简称，“特教人”指“从事特殊教育事业的工作者”）的一种责任、担当和对特教事业质朴的大爱情怀。

他们所有工作的出发点，都是为了更好地服务特殊孩子，没有地域之分，没有你我之别。为了让学前康复班的孩子早日康复，刘校长带领着康复组老师，以课题为抓手，数十年如一日，走街串巷，面谈沟通，一个又一个孩子得以康复，造福了一个又一个家庭，在家校协同康复上取得了成绩，也做出了特色。家校协同康复成果提炼出来后，刘校长及时向粤西特校分享和

推广，她在推动我市乃至粤西地区特殊教育事业发展上一直倾囊相授，不遗余力。

两位校长的无私大爱精神深深感动了我，从他们身上，我感受到一种强烈的使命感和特教情。我意识到：应该为特殊孩子做点什么？

我不再满足于上好眼前的一节课，我开始思考怎样才能“为之计深远”，真正帮助到特殊孩子。我开始审视内心：到底我的幸福感来源于什么？我真正的幸福感，来源于孩子们在我的教育下发生的点滴变化，他们的改变让我感受到教育的力量，让我意识到自己所从事职业的崇高和伟大。虽然他们是特殊孩子，但我依然深深地爱着他们，我希望他们也能绽放出灿烂的笑脸，追寻心中的梦想，成为像海伦·凯勒或者张海迪那样身残志坚、自立自强、永不言弃的人；我希望他们能常怀感恩之心，用宽容和理解面对周遭的歧视或嘲笑，以豁达平和的心态迎接生活中的每一天；我更希望他们能在阅读和写作中凝聚一种精神力量，这股由内生长的力量能点亮他们的心灵之光，唤醒他们体内蕴藏的美好与神奇，让他们在融入主流社会后能创造精彩。

（二）寻找着力点埋下写作种子

名师工作室作为一种专业成长共同体，为老师们搭建了交流和成长的平台。一次次的外出研修培训，让我明白了在专业成长之路上无捷径可走，方向比努力更重要，一定要找准自己的着力点。

我主动找两位老师聊这个问题。他们建议我发挥专业优势，带着孩子们在写作这条路上寻找突破口，要将自己定位为“记者老师”，让听障孩子们用镜头、用文字记录校园生活，记录平时的点点滴滴。他们的话给了我灵感，结合自己的写作经历，我想带着孩子们一起写作，我要提高孩子们的写作能力，让他们用写作点亮每个平凡的日子，让写作成为他们表达内心的一种方式。写作能力是一种沟通表达的能力，对听障孩子融入主流社会是很有帮助的。自此，领着孩子们写作的种子在我心中萌芽。

（三）兼收并蓄锤炼专业技能

2018年至今，我校省、市名师工作室联合组织了十几次大型跟岗研修活动。对我来说，每次活动的开展都是一次专业学习和成长的机会。作为助手兼学员，我感受到主持人在示范引领方面发挥的巨大作用，我的专业技能迅速提升、日趋成熟。

2019年，我在“学科整合，关注差异”的跟岗研修中承担了《皇帝的新装》的同课异构任务。这节课的设计灵感，来源于窦桂梅老师主题教学的理念和与导师刘少敏副校长的交流。刘老师引导我从生命的层次、哲学的高度，重新全面认识课堂，着力于文与人、语言与精神的同构，整体构建课堂教学，要学好教材、超越教材，立足课堂、超越课堂。经过讨论，我将这节课的主题设定为“虚伪中迷失自我——做一个真实的人”。我通过“故事导入，初步感知虚伪；发挥想象，探究人性虚伪；情景演绎，体察虚伪和真实；拓展延伸，做真实的自己”这几个板块展开了教学。这是我对主题教学的一种尝试和探讨，虽有遗憾但更是一种教学上的创新体验。

每次跟岗研修都能给我非常大的冲击，让我在与同行交流互动中看到自身的不足，在教学方面的探索还不够，没有形成自己的特色。我开始有意识地吸收培智生、视障生、聋生康复教学中一些较好的教育理念。如：在情景创设中实现语言康复与沟通交往，为学生量体裁衣设定不同的教学目标等；在课堂中融入写作训练，一个句子、一段话或一个片段描写，我潜移默化地将一个个跳跃的字符带入孩子们的无声世界，让他们的精神世界因文字而丰富多彩。

（四）教研结合重视成果导向

加入名师工作室后，我先后主持或参与了10个省、市级课题，我的教研能力得到了提高，专业素养得到了提升，也开始有了成果导向的研究意向。在名师们的示范引领下，我明白了真正落到实处的课题研究与教育教学是相辅相成的，是在解决问题中更好地帮助教育教学。在不断的课题研究中，我不断地找到新的动力和新的起点，开始用一种科学而专业的眼光来审视自己的教育教学。我意识到自己需要进行更多的专业阅读、专业思考与专业写作……

近几年，我公开发表论文8篇，参编专著1部，获得广东省2020年中小学心理健康教育优秀成果一等奖，有3篇论文获省级荣誉。

三、名师辅导，备战省、市级大赛提水平

站在当下，回顾走过的每一步，我对黄岱校长、刘少敏副校长等老师的感激之情油然而生。我专业发展的每个关键节点，都跟他们息息相关，他们从不吝惜对我的栽培和指导。

2019年9月，我以市赛一等奖（第一名）的成绩顺利入围省赛，备战省赛的经历让我刻骨铭心。因为这是省里第一次举办特殊教育教师教学能力大

赛，具体考核细则迟迟未公布。我一直处于迷茫和焦虑中，许多不确定的因素让我恐慌。就在我焦头烂额不知从哪里下手时，黄校长当机立断，现场为我组建备赛智囊团，那一刻我感受到了团队的力量。

围绕主题进行说课对我来说是挑战，莫名的压力感让我有些窒息。后来，在老师的提醒下，我发挥专长准备了一份写作教学的说课稿。在大家的指导下，这份说课稿前后打磨了30多次，我对每个细节熟烂于心，参赛信心倍增。

案例分析是我最害怕的环节，因为我特教理论基础薄弱，我的思维停留在表象而没深入，即使能谈到一些术语但在问题解决部分又无法延展。幸亏刘校长一路陪伴，是她给予我专业的指导和训练，让我在赛场上镇定自若。

赛前她一对一地跟我讲聋生听觉言语康复评估及方法，重点跟我讲解听觉评估标准中的言语最大识别率，因为这有助于迅速反映该生的听觉康复处于什么级别。她还结合工作实际跟我列举了许多案例，让我意识到了科学进行言语康复的重要性。

虽然省赛名次不佳，但过程比结果重要。备赛过程充实而有意义，在海量的专业阅读下，我明白了康复理念在特殊教育教学中的重要性，我隐约寻到一点光亮。写作，怎样落到实处去帮助学生？除了课堂教学外，在生活或社会层面，如何发展学生的语言能力，这些需要深入研究。

四、名师指路，走向普特融合教育之路

2019年11月，我还处于备赛状态，黄校长拟让我主持一个课题，我因为备赛，第一反应是拒绝，黄校长执意要我主持课题。

2020年5月，“义务教育阶段普特融合作文教学研究”立项成功，列入市级重点课题，我调整状态迎接新挑战。经过两年多的研究，课题组结合聋校、盲校和普校课标对于写作的要求以及融合教育，最大限度地发挥特殊需要儿童的潜能，贯彻普通儿童和特殊需要儿童共同发展的核心理念，以湛江市特殊教育学校听障生、视障生和湛江市第二十五小学的普通学生为研究对象，以写作为载体，开展融合互动。

2020—2021年，课题组利用暑假、国庆节、寒假的时间，带着特殊孩子和普通孩子（简称“普特生”）开展线上共读共写活动。我们共读了《假如给我三天光明》《青铜葵花》《盲音乐家》这三本书，累计参加的师生共80多人。课题组每天都会发布阅读主题，让孩子们围绕主题展开阅读，并进行思

考和输出，从而引发共鸣。从学生的打卡文字中可以感受到孩子们内心的变化。这是听障生小静的打卡内容："从海伦·凯勒身上我学会了不服输，在艰难困苦中要顽强拼搏，不要害怕失败。我们是聋人，但我们有手有脚，还能看得见。海伦·凯勒还是一个既聋又哑的人，她能做到的事，我们也能做到，要向海伦·凯勒学习。"

在融合作文教学中，我们通过书信互动、共读共写、融合实践、写作指导和作文展示等多种途径有效推动普特生共同提高写作能力、社会交往能力、组织协调能力和合作探究能力等。普特生的成长有目共睹：孩子们参加征文、朗诵、演讲、故事创作等各级各类比赛共获奖75人次，其中国家级15人次，省级16人次，市级35人次，区级2人次，校级7人次。参加融合作文教学的高考班同学中，有8名听障生、6名视障生顺利考上大学，其中视障生何某、张某被本科院校录取。

每次融合作文教学中，我都能感受到普特生内心的点滴变化。我们在指导普特生共同提高写作技能的同时，分享优秀的文学作品，传承优秀的汉字文化，宣传特殊的艺术文化，传播真善美的故事，大家结下珍贵的友谊，这些必将在所有孩子的心田播下勇敢、善良、宽容和感恩的种子，培育他们的人文情怀……

回顾十几年特殊教育专业成长之路，从一名教师成为学校的中层干部，荣获"湛江市劳动模范""广东省南粤优秀教师"称号；从非特殊教育专业教师到具有特殊教育素养教师，进而成为具有融合教育素养教师。每个关键节点都离不开黄岱校长、刘少敏副校长、林观兰副校长等人的支持、鼓励、栽培和指导，是他们引领着我一路向前，是他们为我精心铺设一条特殊教育专业成长之路，是他们让我一步步寻觅到未来的方向，也是他们让我感受到生命的价值和人生的意义。

新时代的变化，新特教的需求……我深感作为湛江特教人肩上承担的责任和使命，虽然我才刚刚确定未来的努力方向，但心有所向，方能行远。我将行走在坚守梦想的道路上，通过封闭式特殊教育走向开放式特殊教育、融合教育，用真情、用专业点亮孩子们的心灵之光。因为我一直在被别人点亮，所以我希望自己能成为那个点灯人，我坚信再微弱的生命之光也一定能与满天星河共辉。

热情愉悦，简约灵动，体验探究

近10年的教育教学实践，让我在听障教学方面有了几点感悟：

第一，教师要充满激情，才能带动听障生的学习热情。他们善观察、喜模仿，容易被老师丰富的面部表情和形象的肢体动作吸引。

第二，教学目标不宜过多，要尊重学生差异，分层教学。

第三，教学方法要形象直观，力求激发学生学习兴趣。

第四，教材内容要加工整合，不生搬硬套。

第五，注重功能性补偿，每堂课重视训练学生的听、说、读、写能力，尤其是书面表达能力，这是听障生融入主流社会后的必需技能。

第六，融入心理康复，鼓励学生自立自强。

这几点感悟让我逐渐形成了自己的教学风格——热情愉悦，简约灵动，体验探究。

一、热情愉悦

“热情”是老师在授课中所传递的一种热爱教学、热爱学生、热爱生活的情感。这种情感能感染到学生并且带动学生的学习热情。

“愉悦”是指整个课堂师生所呈现的一种喜悦而快乐的学习氛围。

轻松愉悦的学习氛围有利于调动学生的学习积极性，在营造这种氛围上，我热情开朗的性格发挥了很大的优势。这种性格，体现在课堂上就表现为充满激情、富有感染力和放得开。我除了在循循善诱为学生学习搭建支架上下功夫外，还会根据听障生善观察喜模仿、形象思维较好这一特点，让学生结合所学内容进行情景表演，有时候我自己也会用丰富的面部表情和形象的肢体动作创设一些情境引导学生理解文本。当这些形象直观的教学方法穿插在课堂中时，很容易就能营造一种轻松愉悦的学习氛围，从而激发听障生的学习热情和学习积极性。

在情境表演中，听障生的学习热情和创造力是最容易被调动的。下面这个片段真实记录了《卖炭翁》这节课的课堂现场：

王妹旁白，说到一个老爷爷在终南山砍树。只见林楚明拿起教鞭竖放在讲台上，充当树木，他费劲地砍伐。轮到烧炭的时候，他又富有想象力地用纸充当扇子扇火，装出烟熏火燎的样子，做出用手揉揉眼睛、擦擦脸上的汗水等动作。在将炭搬运到牛车上的过程中，林楚明表演出了缓慢、辛苦和沉重的感觉，他的步伐是蹒跚的，就像一个年纪很大的老爷爷。当表演到“牛困人饥日已高，市南门外泥中歇”时，只见林楚明拉着牛车一步一步艰难地往前走，找到一个地方就恹恹地歇了下来，他摸摸肚子表示很饿。

随着王妹旁白到“翩翩两骑来是谁？黄衣使者白衫儿”的时候，只见蔡昌棵一副傲慢无礼的样子，驾着马飞奔而来。他见到卖炭翁，就开始趾高气扬地出示手中的文书，凶残无礼地将卖炭翁的一车炭抢走，还不忘鞭打郭坤林扮演的那头牛，只留下“半匹红纱一丈绫”给卖炭翁。

看到这里，我以为林楚明会结束他的表演。没想到，他拿着红纱和白绫，边走边说：“没给我钱，给我这个有什么用？”只见他愤怒地将红纱扔到地上开始哭泣起来……

我被他的现场发挥震惊了，连连称赞，带头鼓起掌来，同学们也欢呼着为他鼓掌，冲他竖起大拇指，整堂课的气氛精彩、热烈而又轻松、愉悦。黄巧明同学在日记中写道：“卖炭翁是一个很苦的老爷爷，宫使欺负他，抢走了他的炭，他好可怜。我们现在很幸福，要珍惜幸福生活，好好努力学。”看到这里，我感到很欣慰。学生真正理解了人物的命运，也有了对当今生活的反思。

二、简约灵动

“简约”是指教师能根据学情对教材内容删繁去简，加工整合，提取出适合听障生的简洁明了、主线清晰的教学内容，并积极推行差异性教学，分层设置简约而不简单的教学目标。

“灵动”有两个方面的含义：一指教师在处理教材方面灵活，不拘一格，教学方法和教学过程灵活多变；二指师生之间、生生之间在课堂上动态形成的一种思维碰撞、灵光闪现和相互润泽的学习状态。

《我的叔叔于勒》这篇小说非常长，在授课中我化整为零，紧紧围绕

"赶于勒、盼于勒、躲于勒"这几个小说片段展开教学，引导学生形成"金钱不是万能"的共识。学生在我的引导下，一步步切换场景，体会人物的情感变化。我就像是一个导演，掌控着整个故事的发展。学生对这些内容既感兴趣又能理解。

2017年5月，我上了一堂公开课《变脸》。《变脸》是人教版九年级下册第四单元的一个文学剧本，剧情讲述的是拥有"变脸"绝技的"水上漂"买了一个孙子"狗娃"，他想将自己的变脸绝技传授给狗娃，实现传宗接代的愿望。无意中他发现狗娃是个女孩，心痛不已，想要抛弃狗娃，让其自谋生路。狗娃在追赶"水上漂"的过程中，差点溺水身亡，"水上漂"最终被善良的本性唤醒，救起并收留了狗娃。剧本很长，在设计这堂课时，我抓住"变脸"这个关键词做文章。在文中，"川剧变脸"是爷爷养家糊口的绝活，我在设计时沿用了"变脸"的引申义，根据剧本人物对话、情节发展的变化总结出爷爷欢喜的脸、怜爱的脸、愤怒的脸和无奈的脸，此"变脸"和彼"变脸"相互融合，成就了这堂课。后来，这节《变脸》公开课荣获了2016—2017年度晒课部优、省优和市优。在反思这节课时，我认为最大的亮点在于教学设计上我对"变脸"这一词的妙用，让学生的思维跟着剧中人物心情、面部表情的变化而产生变化，从而深刻理解人物的复杂情感，体会世间的真善美。

晒课荣获部优，对我而言，是一种莫大的肯定，让我深刻地意识到教师不仅要在教学细节的设计上做文章，还要体现课标精神。课标中提到：教师应认真钻研教材，正确理解、把握教材内容，创造性地使用教材；积极开发、合理利用课程资源，灵活运用多种教学策略和现代教育技术，努力探索网络环境下新的教学方式；精心设计和组织教学活动，重视启发式、讨论式教学，启迪学生智慧，提高语文教学质量。在这节课中，我运用了变脸演绎、分角色朗读、教师示范演读、分组学习、观看视频等多种灵活多样的教学方式，在不断地启发和引导中，让学生理解人物情感的变化，最终水到渠成地达成了教学目标。

三、体验探究

聋校语文新课标中提到：观察、体验、操作是聋生获得外部信息，提升认知能力的重要途径和手段。"体验探究"是我在新课标精神的指引下逐步形成的教学风格。该风格是指在教学过程中教师结合所授内容为听障生创造认真观察、亲身体验和动手操作的机会，让他们在多读多写、情景再现、语文实践等多种方式中学习语言、感受语言、探究语言并形成自己独特的言语表达方式，提升自己的综合素养。

听障生由于先天缺陷，最喜欢形象直观的教学方法，如情境演绎、角色扮演等，情景剧、哑剧深受他们喜爱。为了提高孩子们学习语文的兴趣，课堂上我经常会用戏剧的手段让他们配合完成表演。表演效果好不好，除了涉及同学们对文本的理解外，还有一个很关键的因素，就是道具像不像。如果有一个特别像的道具，学生们的代入感就会更强，表演热情就会被调动起来。制作道具是一种能体现学生心思是否巧妙、动手能力是否强、是否理解文本内容的最佳体验探究机会。

在《卖炭翁》的授课过程中，孩子们发挥所长，就地取材，制作了许多道具，如用报纸卷出两个牛角，剪出一件破衣服、一顶破帽子、一根牛鞭和几缕胡须等。在制作道具的过程中，他们对卖炭翁这个人物的悲苦形象有了更加深刻的理解。

在表演课本剧《桃花源记》时，为了让表演更形象，学生用硬纸板做了一艘大船。这艘船有两边的船身，配有纤绳和木桨，木桨也是用硬纸板剪成的。为什么这样设计呢？因为学生意识到，表演者需要演出划船前行的样子，只有当表演者站在船中，斜背着船身，一边划动木桨，一边向前走，才能演出那种感觉。我看到这个道具，连连称赞，惊叹这些“能工巧匠”。我们还需要一扇门，要演出推门而入的感觉，学生林楚明又顺利完成了这个任务。他从美术室找来一块很大的黑色立体压缩板，按照一扇门的规格在压缩板上挖出门框和可以灵活推动的一扇门，门上还配有用压缩板的边角料卷出的把手。整个道具栩栩如生，同学们在表演“推门而入”这个细节时惟妙惟肖。

教学风格是一名老师长期沉潜于教学一线而逐渐形成的，对于我这样只有10来年教龄的人而言，这些带有个人特色的教学风格还稍显稚嫩，严格来讲，可能只勉强算得上是教学特点。无论是教学风格还是教学特点，教师想要实现专业成长，想要成为一棵树，就一定要深深扎根于教学这片泥土，历经风霜，潜滋暗长，在不经意的某一天，定会发现枝头绽放满树繁花。

聋校语文《卖炭翁》教学课例

【教学内容分析】

《卖炭翁》选自2017年教育部审定人教版语文(八年级下册)第六单元,这是唐代大诗人白居易写的一首以"同情弱者"为主题的古诗。该诗故事情节完整,人物刻画生动形象,通过对事件的描述以及对人物外形、心理、动作等的刻画,塑造了一个勤劳、贫苦的卖炭老人形象,表达了诗人对劳动人民深切的同情和对统治阶级的批判。本课例是这篇课文的第三课时,主要加深学生对文本的理解,体会卖炭翁的"苦"和宫使的"霸"。

教学内容的功能在于:(1)贯彻落实聋校义务教育语文课程标准,坚持育人为本的理念,彰显语文课程的工具性和人文性;(2)遵循聋生认知规律,根据聋校语文教学的特点调整教学内容,体现以生为本的精神和理念;(3)全面提高聋生的语文素养,关注聋生的情感体验,通过优秀传统文化的熏陶,使聋生提高思想道德修养,形成良好的个性和健全的人格。

【学情分析】

本班是中职一年级升大班,共有听障生13人,听力残疾二级3人,听力残疾一级10人,其中2人佩戴助听辅具;班级总体学习氛围不够浓厚,学生畏难情绪高,对于古诗文学习中较为深奥和抽象的内容学习积极性不高,需要老师选择适合的教学方式和教学内容激发学生的学习积极性。

王某:女,听力残疾二级,佩戴助听器,助听补偿效果适合;沟通方式以口语为主,辅助书面语和手语;学习积极主动,认知能力和学习能力较好,掌握了古文学习的基本方法,能根据注释翻译文中的句子,对《卖炭翁》的基本故事情节掌握得较好,但对人物形象特点的深入把握存在不足。

容某:女,听力残疾二级,沟通方式以口语为主,辅助书面语和手语;学习积极主动，口头表达和书面表达能力较好，有在普通小学就读的经历，在古诗文学习中对文本内容掌握得较好，需要在深入理解人物形象特点部分加强引导。

黄某：女，听力残疾二级，佩戴助听器，助听补偿效果适合；沟通方式以口语为主，辅助书面语和手语；学习积极主动，认知能力和学习能力较好，小时候接受过语言康复训练，理解能力较其他同学有明显优势。在古诗文学习中，能根据注释翻译简单句子，对《卖炭翁》的基本故事情节掌握得较好，但在文本深入理解方面还需加强。

林某：男，听力残疾一级，沟通方式主要是辅助手语和书面语；学习较为主动，认知能力和学习能力一般，观察模仿能力较强，有表演方面的特长。在古诗文学习中能理解故事基本情节，在模仿表演中有利于他进一步深入理解人物的悲苦命运。

全某：女，听力残疾一级，沟通方式主要是辅助手语和书面语；学习较为主动，认知能力和学习能力一般，理解能力有限，在古诗文学习中能大致明白故事情节，在深入理解文本方面需要反复引导、启发。

林某：男，听力残疾一级，沟通方式主要是辅助手语和书面语；学习积极性较好，认知能力和学习能力一般，观察模仿能力较强，有表演方面的特长。在古诗文学习中能理解故事基本情节，在模仿表演中有利于他进一步深入理解人物的悲苦命运。

郭某：男，听力残疾一级，沟通方式主要是辅助手语和书面语；学习积极性一般，认知能力和学习能力一般，有一定的模仿能力，愿意参与表演。在古诗文学习中基本能理解故事情节，在模仿表演中有利于他进一步深入理解人物的悲苦命运。

蔡某：男，听力残疾一级，沟通方式主要是辅助手语和书面语；学习积极性一般，认知能力和学习能力一般，有一定的模仿能力，愿意参与表演。在古诗文学习中基本能理解故事情节，在模仿表演中有利于他进一步深入理解宫使霸道无礼的形象特点。

符某：女，听力残疾一级，沟通方式主要以手语为主；学习积极性不高，认知能力和学习能力较差。在古诗文学习中，只能大致了解故事的基本情节，在老师和同学的帮助下能初步感知人物形象特点。

饶某：男，听力残疾一级，沟通方式主要以手语为主；学习积极性不高，认知能力和学习能力较差。在古诗文学习中，只能大致了解故事的基本情节，在老师和同学的帮助下能初步感知人物形象特点。

陈某：男，听力残疾一级，沟通方式主要以手语为主；学习积极性不高，认知能力和学习能力较差。在古诗文学习中，只能大致了解故事的基本情节，在老师和同学的帮助下能初步感知人物形象特点。

梁某：男，听力残疾一级，沟通方式主要以手语为主；学习积极性不高，认知能力和学习能力较差。在古诗文学习中，只能大致了解故事的基本情节，在老师和同学的帮助下能初步感知人物形象特点。

沈某：男，听力残疾一级，沟通方式主要以手语为主；学习积极性不高，认知能力和学习能力较差。在古诗文学习中，只能大致了解故事的基本情节，在老师和同学的帮助下能初步感知人物形象特点。

【教学目标】

课程标准：

1. 能正确、连贯、有感情地朗读课文。

2. 阅读古代诗词和文言文，借助注释和工具书理解基本内容。

3. 能联系上下文和自己的生活经验，借助工具书理解课文中关键词句的意思，辨别词语的感情色彩，体会其表达效果。

单元目标：

1.1 在反复诵读的基础上，培养文言语感。

2.1 注意积累常用文言词语和句式，欣赏课文中精彩的语句。

3.1 学习古人论事说理的技巧，体会他们的人生感悟，从中得到思想启迪和情感陶冶。

周目标：

1.1 反复诵读，正确把握字词义，熟读成诵。

2.1 在老师的讲解下，借助文中注释和相关工具书理解文中关键词句的意思，领会全诗所表达的主要内容及中心。

2.2 学会品味诗中精彩的人物描写，理解卖炭翁的“苦”和宫使的“霸”。

3.1 了解《卖炭翁》中反映的当时统治阶级掠夺人民的罪恶行径，体会白居易对劳动人民的同情之心，学习对比的写作手法。

3.2 感受现代生活的幸福美好，初步形成奋斗开创美好生活的想法。

课时目标之共性目标：

1. 通过对文中关键词句的理解，体会卖炭翁的“苦”和宫使的“霸”。

2. 感受白居易同情百姓疾苦的思想感情，感受现代生活的幸福和美好，初步形成奋斗开创美好生活的想法。

课时目标之个别化目标：

王某、容某、黄某等A层学生：通过对文中关键词句的理解，能体会卖炭翁的“苦”和宫使的“霸”；在朗读、情景演绎中，能初步揣摩和品味文中描写外貌和刻画心理的诗句，深入理解内容；能感受白居易同情百姓疾苦的思想感情，表现出同情心和怜悯心，感受现代生活的幸福和美好，珍惜当下生活，能初步形成奋斗开创美好生活的想法。

林某、全某、郭某等B层学生：在问题引导下能体会卖炭翁的“苦”和宫使的“霸”；在朗读、情景演绎中，能明确哪些句子是描写外貌和刻画心理的，并在老师指导下能进一步深入理解文本内容；能对卖炭翁表达同情和怜悯，在对比中明确现代生活的幸福和美好，知道奋斗能开创美好生活。

陈某、梁某、沈某等C层学生：在老师引导和同学帮助下基本能说出故事情节和文中有哪些主要人物；在老师提示下能大致朗读出表现卖炭翁“苦”和宫使“霸”的句子。

【教学重难点】

1. 品味描写外貌和刻画心理的诗句。

2. 理解诗句内容，感受白居易同情百姓疾苦的思想感情。

【教学方法】

讲授法、情景演绎法、分组讨论法、朗读法等。

【教学环境与教学资源】

录播室上课、提前准备好多媒体课件及表演所需道具等。

【教学过程】

一、激趣导入

观察《卖炭翁》的图片，回答对应的诗句。

【设计意图】B层学生回答。以图片形式导入，激发听障生的学习兴趣，通过对图片的描述，理顺故事的脉络。

二、读出诗意

1. 全班齐读全诗。在齐读中思考关键字词的意思。

2. 通过玩游戏的方式，加深对关键字词的理解和记忆。

3. 以分组的方式，对文中关键句进行翻译。

第一组：满面尘灰烟火色，两鬓苍苍十指黑。

第二组：可怜身上衣正单，心忧炭贱愿天寒。

第三组：手把文书口称敕，回车叱牛牵向北。

【设计意图】A、B、C层学生混合分组，实现学生互帮学习。这部分通过读、写、说3个环节，加深学生对文中关键词句的理解。学生配对进行课堂游戏，有利于巩固新学的知识，提高学生的学习积极性，增强课堂的趣味性。

三、品出诗味

1.诗中出现了哪几个人物？根据故事情节，完成选词填空。

烧　运　卖　抢

卖炭翁(　　)炭后，就将炭(　　)到东市去(　　)，宫使骑着高头大马过来了，将炭(　　)走了，只留下半匹红纱一丈绫。

2.将描写卖炭翁和宫使的句子分别挑选出来，并且说说卖炭翁是怎样的，宫使是怎样的。朗读自己找出来的句子。增加小组竞争的游戏环节，调动学生学习的积极性。结合学生找出的句子，具体分析卖炭翁的“苦”和宫使的“霸”。

【参考答案】

卖炭翁：卖炭翁，伐薪烧炭南山中。满面尘灰烟火色，两鬓苍苍十指黑。

(外貌描写：满面尘灰，两鬓苍苍；动作描写：伐，烧炭辛苦。)

卖炭得钱何所营，身上衣裳口中食。可怜身上衣正单，心忧炭贱愿天寒。

(心理描写：卖炭愁苦。)

夜来城外一尺雪，晓驾炭车辗冰辙。牛困人饥日已高，市南门外泥中歇。

(动作描写：运炭艰苦。)

一车炭，千余斤，宫使驱将惜不得。

(心理描写：被抢悲苦。)

宫　使：翩翩两骑来是谁？黄衣使者白衫儿。

(重点分析“翩翩”二字。写出了宫使轻快得意的嚣张样子，横冲直撞。)

手把文书口称敕，回车叱牛牵向北。

(动作描写，“手把”“口称”形象逼真地写出了宫使的仗势欺人，“回”“叱”“牵”写出了宫使的专横霸道，凶残无理。)

半匹红纱一丈绫，系向牛头充炭直。

（思考："半匹红纱一丈绫"用来交换什么？你们认为这种交换公平吗？引导学生理解交易不公的事实。）

3. 学生情景剧表演。表演时要准备破旧衣服、墨汁、小推车卖炭。学生旁白。演完后让学生自己谈谈感受。

【设计意图】这部分设计了选词填空、分类筛选信息、教师讲授、学生情景演绎等多个课堂教学环节，在说一说（C层学生）、找一找（A、B、C层学生）、玩一玩（B、C层学生）和演一演（A、B层学生）中逐步加深对人物的理解，进一步明确卖炭翁的"苦"和宫使的"霸"。

四、悟出诗情

卖炭翁如此苦，宫使又如此霸道，那作者对卖炭翁是怎样的心情？对宫使又是一种怎样的情感呢？老师进行示范朗读，要求学生注意老师的语气情感、脸部表情。教师示范后，让学生带着感情进行朗读。

【设计意图】在对比提问中，让学生理解作者对卖炭翁和宫使的不同情感。老师示范，让学生学会带着感情进行朗读，读出"语文味儿"。

五、拓展延伸

1. 观看视频《扶贫干部在行动》。

2. 思考：现在社会和古代社会对待贫穷人的态度是一样的吗？有什么不同？你接受过爱心人士的帮助吗？

【设计意图】以视频的方式，通过古今对比，引导学生感受到现在生活的美好和幸福，呼吁学生要珍惜现在的幸福生活，为中华民族的繁荣富强而奋斗，从而有效地融入思想道德教育。引导学生理解：幸福的生活都是奋斗出来的，引导学生为自己的未来幸福而努力奋斗。

六、课堂小结

今天，我们学习了这篇课文，从这些诗句中知道了卖炭翁的"苦"，也知道了宫使的"霸"。我们今天生活在新时代，我们今后要努力学习，珍惜现有生活。

七、作业

背诵全诗。

八、板书设计

- 卖炭翁 — 苦（同情）
  - 烧炭辛苦
  - 卖炭愁苦
  - 运炭艰苦
  - 被抢悲苦
- 宫　使 — 霸（批判）
  - 横冲直撞
  - 仗势欺人
  - 凶残无理
  - 交易不公

苦（同情）、霸（批判）—— 对　比

结论：古今对比。

我们要珍惜眼前的幸福生活，努力学习，用奋斗开创更美好的生活。

【教学反思】

亮点：

1. 在听、说、读、写中进行康复教育。

对于听障孩子而言，康复教育是一种补偿性的教育，要让学生在灵活运用口语、手语和书面语的过程中实现语言康复，在生活中能采用适合的方式与他人进行沟通和交流。在《卖炭翁》的课堂上，我设计了诵读、翻译、提问等多种教学方式，训练他们的口语、手语和书面语，提高他们的表达能力，对其进行功能性补偿。

2. 用情境演绎的方式调动学生的学习积极性。

《聋校义务教育语文课程标准》（2016年版）中提到：聋校语文课程应注意认真观察、亲身体验、动手操作的过程。所以，在教学中，我一般都会设置情景演绎的环节，有时是课本剧，有时是情景模拟，有时是借助同学或老师的表演让学生理解某个词语的含义。在这次《卖炭翁》的公开课中，课堂上的情景演绎让学生们和听课的老师们印象深刻。学生通过这种动手操作和情境再现的形式，加深了对人物的理解，同时学习积极性得到了显著提高。

3. 克服困难，尝试读出“语文味儿”。

朗读对听障生而言是很难的。在本节课的教学中，我除了挑选关键句子进行朗读外，还对全文进行了示范性朗读，并引导学生通过注意观察老师的语气、情感、脸部表情等，体会朗读中所表现的情感，同时要求他们克服困难，在朗读中悟出诗句表达的思想和情感，读出“语文味儿”。

不足与反思：

1. 个别化教育不够。

虽然设置了分层目标，但在教学中还是体现得不够明显，因为涉及情境表演，所以对A、B层的同学关注较多，C层同学只是作为观众，可以设置适合的角色让C层同学也参与表演，并让A层学生谈谈感受。

2. 诵读力度还不够。

本节课虽然在不同的环节都有朗读，但在读出诗意、读出人物特点、读出思想情感等方面都没有深入展开，这也是我在听障语文教学中遇到的一个很大的瓶颈，因为听障生听力补偿效果不佳和口语表达能力不足，他们很难在朗读中体会不同的语音、语调、语气、停顿等产生的不同效果，这也是我今后需要继续努力的方向。

3. 师生思维碰撞不够。

教师的提问仍然停留在浅层次。如何在语文课堂中训练听障生的思维能力，让师生之间能产生更多思维碰撞的火花？我仍然在研究。

陈　欢　诵读语文

陈　欢　安徽六安人，1985年生。2007年毕业于皖西学院。现执教于广东省湛江市特殊教育学校，特殊教育高级教师。广东省三八红旗手、湛江市最美教师、湛江市师德标兵、湛江市特殊教育兼职教研员，多次被评为全国、省、市级“优秀辅导教师”。主持或参与省、市级课题研究13项，在《中学语文教学参考》《中小学班主任》等杂志发表论文12篇。主编中国盲文出版社组织的盲校高中语文必修下教科书配套练习题集。

用声音看见

声音，于我而言，连接着我与特殊教育的纽带，串起了我与特殊学生的故事，开启了我别样的职业生涯，就像朋友伴随着我的成长。回顾15年的专业发展，我与声音结下了不解之缘，上演了一场场双向奔赴的声音故事。

一、声音的呼唤：选择特殊教育就是选择内心深处的元语言

2007年7月的一天下午，我第一次来到学校，便遇到了现在的黄岱校长。他看了我的简历后，和蔼地解释："我们学校的学生是一群看不见、听不见的孩子。"我顿时愣住了。我从来没有和这样一群孩子接触过，更不知道还有学校专门负责培养这些孩子。我一下子懵了，久久回不过神来。

一边是家乡重点中学的正式老师，一边是著名私立中学的高中教师，一边是充满未知的特殊教育老师。我一边思考，一边不自觉地在电脑中输入"特殊教育"几个字。我被一连串数字惊醒了：据不完全统计，全国现有各类残疾人总数约6000万，其中听力残疾人2057万，视力残疾人877万，湛江残疾人数约40万，且大部分在农村，入学率、就业率低……这些数字强烈地刺激了我的大脑：原来湛江有这么多残疾？这些孩子一定渴望读书，他们的家长也一定盼望他们有一天能自食其力。如果没有人愿意去教他们，那他们以后怎么办？作为一名师范院校毕业的大学生，尤其是一名党员，我应该把所学的知识用到更有意义的事情上。这时，我不再犹豫，毅然踏进了湛江特校的大门，在顺利地通过面试和说课后，被学校录用，成为一名光荣的特殊教育教师。

现在回想当初的选择，我觉得是和自己的元语言有密切的关系。朱永新教授在"书写教师的生命传奇——全国新教育实验第九届研讨会主报告"中提到，对于中国人而言，以汉语为主体的汉语文字以及以儒家精神为主体的

文化就是我们的元语言，是我们的存在之家。我对这话的理解是耳濡目染的，接受这个职业没有世俗的眼光。我内心深处想的是很多优秀的师范生都去普通学校了，而我如何实现自己的最大价值？也许选择特殊教育是一个不错的选择。

二、声音的觉醒：与学生一起演讲走出入职危机

朱教授在报告中还指出：多少人在踏入教师这个行业之初，曾怀着美好浪漫的憧憬。虽然心怀忐忑甚至恐惧，但他们相信自己能够最大限度地使学生得到发展，帮助他们实现自己人生的价值，但是，这种信念也许很快就会被现实粉碎。的确如此，我的这个信念在刚踏入校门的时候就遭遇了危机。

由于从未接触过残疾孩子，初来乍到的我还曾“冒犯”了一位叫小宁的学生。那一天，在食堂，我看到她拿着洗好的饭盒经过，于是想和她打个招呼，便在她的后背拍了一下，没想到她吓了一跳，情绪突然激动起来，“哐当”一声把捧在手中的饭盒扔到地上，转身跑出了饭堂。我呆呆地站在那里，满脸通红，不解、委屈、伤心……五味杂陈。通过询问其他老师得知，小时候一场突如其来的疾病使她成了一位盲人，从此，她的世界一片黑暗，从小被父母锁在家里的她性格孤僻，心理自卑敏感，不喜欢与人交流。我明白了，健全人之间的拍肩膀打招呼，对她来说也许是一种惊吓或者不尊重，我为自己的鲁莽感到自责，不好意思地对她说：“对不起，陈老师没有考虑到你的感受，以后我会注意的。”从此，每次和视障生打招呼，我总是先喊他们的名字，避免不小心伤害到他们。

通过接触，我发现小宁是一个有上进心的孩子，声音好听，口才不错。一年后，我鼓励小宁和我一起分别作为学校的老师、学生代表参加湛江市直属学校的演讲比赛，我们互学互助，齐心协力，最终在校领导的指导下，分别获得了一、二等奖。渐渐地，小宁打开了心结，与我成了好朋友。成绩优异的她，成为盲生中为数不多考上本科学校的一个。即使远在北京求学，小宁也时常与我联系，分享大学生活中的苦与乐，每次回湛江，也会到学校找我谈心聊天。

声音为我打开了与学生沟通的窗口，让我能够走进他们孤独的内心世界，用温柔的声音带他们走出阴霾、“看见”光明，也让我能够快速实现由入职危机向实现职业发展的平稳过渡。

三、声音的奏响：语言表演圆梦一批批视障孩子

有了第一次的声音教育体验，我仿佛看到了语文教育别样的美：我们的孩子虽然视力有局限，胆小自卑，但是他们的听触觉灵敏，记忆力强，语言表演恰巧能够发挥孩子特长，让他们走出自卑，更顺利地融入社会。于是我萌发了这样一个信念：将语言表演渗透到教育教学中，通过朗诵、演讲、课本剧表演等方法，带领他们用最真诚、最纯净的声音为特殊教育群体发声。我告诉学生："眼盲会失去光明，心盲则会失去世界。我们不能因为残疾而博取别人的同情。我们要以乐观健康的积极状态、一种自食其力的专业素养、一颗感恩与爱人的心，融入社会。"于是，我开始摸索语言表演对视障生自卑心理的康复策略。

我有个叫小元的学生，他患有先天性白内障，成绩落后、敏感脆弱，经常会默默流泪。为了改善孩子的状况，我认真钻研视障生心理学、康复医学专业书，同时根据小元的特点，结合语言表演元素，以塑造学生的积极情绪为切入点，为小元制定周密而详细的康复干预计划，通过"积累榜样力量、体验积极情绪，调动学习兴趣、激发积极情绪，创设有效情境、练习积极情绪，抓住表演机会、收获积极情绪"四步走开展育人活动，探索形成了"积—趣—练—演"语言表演心理康复策略。

在练习积极情绪策略中，我创设有效情境，采用情境教学法，创设故事、活动、练习、问题、应用等情境，充分发挥小元的主体性。对我来说，最大的难题就是教他运用肢体语言。我经常将小元的手放在他自己的脸上，让他感受牙关的闭合、气息的强弱、表情的变化……我还让他触摸自己做动作的部位，带着他分析每一种声音、每一个动作、每一个表情。一次，我们在准备"青春梦 军人行"的演讲比赛中，小元因为肢体语言与感情不协调而让练习陷入僵局，我就带他参观军舰，访问军人，一起观看演讲节目，让他理解文字背后的含义。一个简单的皱眉，需要重复几遍、几十遍甚至几百遍，虽然手臂酸痛，喉咙嘶哑，但我从来不觉得累。一天晚上，小元突然站了起来，说："陈老师，已经晚上11点了，您快回去休息吧。"这时，我才意识到，自己早出晚归，已经连续3天都是凌晨回家了。我在想：究竟是什么信念支撑我走下去？我想就是初心，"用语言表演帮助残疾学生康复"的初心，让我情不自禁、无怨无悔，专注做自己喜欢的事情。最终小元获得省级二等奖、市级一等奖的好成绩，教育局号召全市中小学生向他学习，《南方

都市报》对他的事迹进行了专访。19岁那年，他如愿以偿考取了长春大学针灸按摩专业，成为我校第一个盲人本科大学生，成为同学们的榜样。

在担任班主任工作的8年里，我践行“为每一个残疾学生圆梦”的理想，带领学生在语言类竞赛、学科比赛、体育比赛中均收获满满。自小元后，先后培养出小文、应达、炯辉等六位本科生。除考上大学的外，小基被聘为广东省残联冰壶训练队教练，小彬成为国家盲人足球队队长，小华自主创办了盲人按摩店，小柳成为当地小有名气的盲人歌手，患有小儿麻痹症的小晓成为一名服装销售员……学生就业率达到了98%。他们不仅没有成为社会的负担，反而实现了自己的梦想，成为大家的骄傲。我先后获得“湛江市三八红旗手”“广东省三八红旗手”“湛江市最美教师”等荣誉称号。

四、声音的聚焦：工作室导师引领我探寻朗诵教学

从2018年开始，我陆续成为2018—2020年度、2021—2023年度广东省刘少敏名教师工作室的学员兼助手。“高山安可仰，徒此揖清芬”，导师对我的引领可谓“随风潜入夜，润物细无声”，她扎实的专业素养、严谨的治学态度、务实的工作作风渗透在工作中，方方面面无不影响着我成长。

加入省、市级工作室之前，关于声音的探索，我大多聚焦于德育方面。在自己的语文教学方面，我一直很困惑，找不到声音教学的切入点。一天，导师建议我在前期研究的基础上，申报广东省教研院特殊教育专项课题，在她的指导下，课题“朗诵教学提升视障生康复效能的策略研究”申报成功，这是我人生中主持的第一个课题。

为增进名师工作室之间的合作交流，在公开课中落实课题研究的措施，充分发挥课堂作为课题研究的主阵地的作用，2021年12月4日，在广东省熊瑶名教师工作室与广东省刘少敏名教师工作室联合教研活动中，导师特地安排我上了一节视障生语文交流课《登高》。

上完课后，导师缓缓来到我的身边，用温柔而肯定的眼神看着我，轻声说了一句：“上得不错！”当时，我真的有一种“面朝大海，温暖花开”的感觉，因为之前我对自己的公开课是不满意的，总感觉教学过程不够扎实，容易犯形式大于内容的错误，也是我迫切想去改变的地方。在评课过程中，熊瑶名教师工作室的老师们这样评价：

陈老师教学风格鲜明，其诗歌赏析的“七读法”让人印象深刻。她将“读”贯穿到课堂的每一个环节，随着层层深入的分析，一遍又一遍地诵读，

让学生们的情感体验愈渐浓厚，对人物形象的感知亦愈渐丰满，真切地感受到中华古典诗歌的韵味。为了让不同层次的学生都学有所得，陈老师设计了小组合作、同桌结对子、作业布置等环节，真正让每一位学生都参与课堂。最后的传诵经典“典籍里的中国——走进杜甫”环节也给我们留下了深刻的印象，学生们通过朗诵、表演等方式穿越千年与杜甫对话，与时空对话，感悟时代的变迁，体会到幸福生活的来之不易。“台上一分钟，台下十年功”，小小的一节课凸显出了陈欢老师背后十几年日复一日的辛勤付出和坚守。

“台上一节课，台下三年功”，对我来说，这节课是导师在第一轮工作室建设期间，对我榜样影响的见证，是专业指引的检验，更是人格魅力的呈现。导师的话不多，但每一句总能“余音绕梁，三日不绝”，让我在困难中不断有前进的方向、动力和方法。之后，我们根据《登高》这节公开课设计创作了微课作品《〈登高〉中的“沉郁顿挫”》，在广东省“双融双创”2022年教师教育教学信息化交流活动中获得了省二等奖、市一等奖的好成绩。2023年7月，《登高》还在广东省新一轮（2021—2023年）中小学（含特殊教育）名教师工作室“名师代表课”活动中被评为一等奖。

五、声音的传递：带领师生语言项目团队融合成长

渐渐地，我在导师的引领下成为一个独特的个体。学校安排我负责学校的教研与师资培训工作。导师刘少敏副校长即使再忙再累，只要有时间，就会准时出现在每位老师的公开课上，她会积极指导课题组教师进行专业有效的研究，对学员进行个性化的培养，让他们都能在擅长的领域发挥自己的最大价值。《学记》有云：“君子之教，喻也。道而弗牵，强而弗抑，开而弗达。道而弗牵则和，强而弗抑则易，开而弗达则思，和易以思，可谓善喻也。”导师的这种启发式培养让我开始思考：自己如何发挥声音特长，带领他人共同成长？

于是，我基于工作室“特殊学生语言康复与发展”的品牌建设项目，致力于视障生语言表演项目建设，成立视障生语言表演兴趣班，开设经典诵读、口头作文、演讲、主持等语言社团课程。邀请国家一级演员、著名主持人、朗诵家王泽津老师亲临指导，聘请高校教授、国家级普通话测试员姚远、金羽萱、陈骏等6人为爱心指导教师，定期开展语言融合表演活动。当我看到我们的孩子和普校学生面对面对词，欢声笑语的样子时；当我接到广播电台邀请语言班学生参加演出的电话时；当我看到学生家长看着台上儿子

表演而流下的眼泪时……我就觉得自己做的事情是正确的，自己坚持的项目是有价值的。近6年，团队开展普特融合语言表演等家校社协同活动30余次，视障生被湛江市第四中学等单位邀请演出15人次，指导视障生参加各级语言类比赛获奖150人次。

除此之外，我还以融合艺术团、教育戏剧、朗诵教学等相关语言课题研究为契机，积极组建心光特殊学校青年教师经典诵读、盲人视觉讲述项目团队。其中，视觉讲述项目由我校和北京红丹丹教育文化交流中心合作，成为中国第一个盲人电影讲述合作项目，主要通过搭建平台、以赛促学、课堂指导、写作指引等途径培养出蔡雅婷、熊宇红、陈慧敏等青年教师成为教学骨干。他们围绕视障朗诵教学撰写的读书心得获得省一、二等奖，3人获得全国盲人阅读指导师证书。在这个过程中，我评上了特殊教育高级职称、湛江市特殊教育兼职教研员，2022年12月，还被评为“湛江市师德标兵”。最终，我用16年的特殊教育经历撰写的《用声音看见——以声传爱育盲童　培根铸魂担使命》在广东省第十二届师德主题征文及微视频征集活动中获得一等奖。

朱教授在报告中说，在漫长的职业生涯中，这一过程意味着你须一天天地认同这份职业，将自己人生的意义编织到学生的成长中去；意味着你日渐拥有一份对于职业、学生以及自身的信任、信念乃至信仰，从而勇敢地担当起此一职业所赋予你的责任。责任是教育的脊梁，唯有特殊教育教师的责任心才能撑起残障生的明天，而声音也会如同我的挚友，如影随形，就像流动在我身体里的血液一样，伴随着我的生命，在我的职业生涯中缓缓流淌。

我用这声音看见初心，看见梦想，看见奇迹，看见责任。

浸润温情，诗意求美

韶华匆匆，时光荏苒。掬十五年光阴，寻一份记忆，一节节语文课堂，留下了琅琅书声，串起师生成长的音符，经历了一次次的尝试、失败、再出发，我的教学初显风格。

这与我的个人兴趣、性格特点密不可分。我性格温和，情感细腻，外在文雅，爱好朗诵、演讲，喜欢诗词，我所教的科目是人文性很强的语文，所教学生是一群视障生。因此，在多种因素的影响下，从心理品质的稳定性、教学的艺术性，以及学生对我的评价，梳理出“浸润温情　诗意求美”的课堂教学风格，这成为我未来的努力方向。

一、浸润温情

“温情”一词来源于我们的校歌《用温情点燃心灵之光》，意思是温顺体贴的情意。我将教学风格凝练为“浸润温情”的初衷是源于一位考取本科学校的毕业生，他在接受郑剑虹教授的生命叙事访谈时曾说：“我那个时候字很难看，作业也写不好，但是陈老师每次都温柔地表扬我，她的教学方式很适合我，遇到她是我人生的一个转折点。”

浸润温情主要源于“生本”理念。面对自卑敏感的视障生，我在课堂教学过程中施以平等、尊重、耐心与关爱，从备课素材的选择、课堂对话的共情、课堂正向的评价、声音温柔的传达、文本解析的温暖等方面，让学生浸润在生命成长的关怀中，在培养学生理解和运用祖国语言文字能力的同时，以美好的事物、高尚的情操熏陶他们，在他们心灵深处撒下真、善、美的种子，为学生的生命奠基。

温情主要体现在以下三个方面：

（一）温和的语言表达

教育的一切来源于爱。视障生听触觉灵敏，我的语气大都温和亲切，语调平和上扬，语速缓中有度，动作轻柔有爱。对于低视力学生，我喜欢在他们遇到难题时，轻轻拍一下他们的肩膀，向他们投以坚定的目光；对于全盲的学生，我会在他们受伤时说一些励志、有一定哲理性的话语；对于多重障碍学生，我会摸着他们的头，投以温和的眼神，告诉他们在老师心中他们都是一样的。一字一句，一颦一笑，举手投足间，给予学生温暖的真情真爱。

（二）个性化的正向评价

起初，由于缺乏对视障生的了解，一开始我会按照普校的标准统一要求他们，学生担心回答不出问题，语文课上总是战战兢兢。随着学习与了解的深入，我渐渐把握了学情，逐层降低了教学目标，并在课堂上进行实践。个别化教学是我每节课都必须贯穿的，除一对一问答外，我经常在班上通过分组、结对子开展讨论活动，对每个人、每个组提出不同的问题，并进行个性化的正向评价。如对于作答优秀的同学，我会说："你的见解很独特，可见对文章的理解比较深刻。"对于分组回答，我喜欢三个组共同比较，让学生发现相同与不同之处，最后再提出对于问题以及小组合作的看法。对于有多重生的结对子小组，我会想尽办法夸一夸："今天，我不用走到你们身边，都能听清楚你们的回答，老师喜欢越来越自信的你们。"于是我就会带着学生一起给他们鼓掌。每次公开课或学生毕业后，我总会与每位学生进行互评，我们之间真诚客观的评价就像一面镜子，"窥镜而自视"，才能"勉之期不止，多获由力耘"。

（三）多维度的生命教育

第一，构建合作学习的讨论式课堂。基于学科素养要求，我将课堂搬到舞台、校园甚至海边，努力营造一个开放民主、互动探究的课堂。在教《秋天的怀念》一课时，我带领学生到楼下倾听树叶飘落的声音；在教《廉颇蔺相如列传》一课时，我让学生在舞台上自由表演"负荆请罪"的片段，共同讨论"如果你是廉颇，你会怎么做"；为准备普希金《致大海》的教学素材，我在周末带学生一起来到海边，引导学生分组收集大海的各种声音。

第二，挖掘课文丰富的特殊教育内涵。根据视障生的身心发展规律和思维特点，培养学生乐观积极、自立自强的心理品质以及高尚的人格。以残疾作家史铁生《我与地坛（节选）》为例，通过分析"我""地坛""母亲"的关系，品味关键语句，激发学生热爱生活、珍爱生命的情感。

第三，注重挖掘课文中的思政价值。语文课堂中自然浸润真与假、善与恶、美与丑的生命价值取向教育。在教授《喜看稻菽千重浪——记首届国家最高科技奖获得者袁隆平》《心有一团火，温暖众人心》《“探界者”钟扬》这组课文时，我引导学生分析他们的人生经历和形象特点，现场与毕业生进行职业对话，让学生树立“劳动光荣”的价值观，认识到不管是按摩推拿还是科学研究，我们都应该具有强烈的责任心和奉献精神。

如今，我的语文课堂气氛和谐，师生情感融洽，互动轻松自然，在循循善诱中将温情播到每一位学生的心田，用温柔的教育让学生在语文课堂中感受中华优秀传统文化的魅力，让每节课都浸润学生的成长，散发出语文温润之光。

二、诗意求美

“诗意”的解释就是像诗里表达的那样给人以美感的意境。苏霍姆林斯基曾说：“没有一条富有诗意的、感情的和审美的清泉，就不可能有学生的全面发展。”“诗意求美”的风格凝练自董一菲、王崧舟老师开创的“诗意语文”课堂，是以康复美为追求，以中华传统文化传承为宗旨，以艺术习得为策略，让学生在听、说、读、写、演中感受学生生命诗意的语文教学。

具体而论，“诗意求美”的风格主要体现在以下两个方面：

（一）寻找文本的诗意元素，打造求新的教学设计

经过主持人的指引，我开始进行文本研究，尝试从审美的角度解析文本，解读作品中适合视障生的康复美。康复美主要包括语言美、心理美等，然后对文本进行整合，找到“文眼”，以学习方法教授为途径，一以贯之，达成语文核心素养，教出语文味和康复味。

在执教《再别康桥》一课时，我还研究了徐志摩作为新月派代表人物提出的“三美”，以“康桥情结”为主线，通过“音乐美”“建筑美”“绘画美”三个维度，带领学生赏析诗歌。这节课当时获得了湛江市特殊教育教学实录一等奖。

近几年，在《登高》一课的教学设计中，我围绕“诵出生命诗意”的单元主题，研究这首诗作为古诗七律第一的章法韵律、字里行间蕴含的爱国忧民情怀，选择“理解杜甫沉郁顿挫的诗歌创作风格”为诗意教学突破口，设

计“一读定基调、二读划节奏、三读明结构、四读品意境、五读析内涵”五个学习任务，抓住关键字词，引导学生层层鉴赏诗歌，树立爱国思想，学会诵读鉴赏古诗词的方法。这节课例获得了省级一等奖。

（二）开展听、说、摸、读、写、演训练，追求诗意教学的语言艺术美

第一，采用“听、说、摸、读、写、演”六结合训练法。基于视障生“潜能开发与缺陷补偿综合运用”需求，除了常规的听说读写外，我还引导学生触摸模型教具，通过朗诵、主持访谈、演讲、教育戏剧表演、视觉讲述等形式来开展课堂教学，调动多种感官全面培养学生真、善、美的品质，打造充满诗情画意的课堂。

第二，渗透教育戏剧教学。戏剧教学是培养视障学生的空间概念、深入理解文本、深刻体味情感最直接有效的途径。在教《荆轲刺秦王》一文中，我选择故事高潮“廷刺秦王”片段，课前带领学生自制地图、匕首等教具，课中引导学生抓住厚遗蒙嘉、顾笑武阳、图穷匕见、倚柱笑骂4个场面分角色进行情境表演，让学生即兴表演自己设计的故事结尾，伴随着音乐声，有的学生表演太子丹独自在江边流泪，口中念道：“风萧萧兮易水寒，壮士一去兮不复还，终究燕国没有真正的人才啊！”有的学生扮演病重的秦王，反思自己的残暴，发出“尧舜之道，不以仁政，不能平治天下”的感慨……

第三，以读促写，进行生命主题创作。为培养学生感恩自强、热爱生活、乐观开朗等品质，我抓住重点课文，深入挖掘写作主题。在学习《慈母情深》一文后，为让学生学会用细节描写刻画人物、表达情感，我布置了主题为“感恩遇见”的诗歌练习，一名学生在《用声音传递爱——致我们敬爱的武戈叔叔》中这样写道：“五百多个日日夜夜，细雨蒙蒙里微湿的外衣，蝉鸣声声里晶亮的汗滴，桂花飘香里匆忙的背影，北风萧萧里从容的步履，是您每节课留下的痕迹。……”这部作品经过学生的真情朗诵后，还被湛江广播电视台邀请参加节目录制，孩子们通过声音向大家传递着特殊学生的真、善、美，也成了我珍贵的备课素材。

除此之外，为填补视障生认知上的不足，我将情感语言与视觉讲述结合成诗意语言，在课堂内外培养语言特长生的声音优势，师生一起营造语文学习的诗意世界。

“嘒彼小星，三五在东。肃肃宵征，夙夜在公。”在视障生语文教学的道路上，我会继续秉教育温情，觅诗意课堂，行诗意人生，在五彩缤纷的世界里，实现师生生命的诗意栖居。

盲校语文《登高》教学课例

【教学内容分析】

教学内容的功能在于:(1)贯彻落实盲校义务教育语文课程标准、普通高中语文课程标准,践行“立德树人”的理念。(2)正确把握视力残疾学生语文教育特点,积极倡导自主、合作、探究的课堂。(3)全面提高视障生的语文素养,重视朗读,开发培养学生高尚的道德情操、健康的审美情趣和自信自强的人生态度。

本课选自普通高中语文必修上册第三单元的一篇课文。单元学习主题是“生命的诗意”,本单元汇聚了不同时期的名家诗词名作。《登高》被誉为古诗“七律之冠”。本诗节奏和谐,平仄押韵,是学生古诗诵读教学的经典篇目,杜甫忧国忧民的伟大形象对学生有教育意义,鲜明地体现了杜诗“沉郁顿挫”的风格特点。

本篇课文的学习目标:通过学习《登高》这首诗,从基调、节奏、结构、意境、内涵、情感、形象、价值八个方面来理解杜诗“沉郁顿挫”的风格。《登高》这节课共分两个课时,第一课时我们已经经历了“一读定基调、二读划节奏、三读明结构、四读品意境、五读析内涵”过程性学习,学生基本掌握了诗歌的基调、节奏,明确了结构,品析了内涵,初步品味了雄浑宏大的悲壮意境。本节课属于第二课时,主要目标是引导学生从情感、形象、价值三个方面来理解杜诗“沉郁顿挫”的风格。

【学情分析】

本班是视障部高一班,学生共12人。其中视力残疾一级6人,二级4人,三级2人。根据学情调查以及第一课时的学习情况,学生虽然学习了杜甫的很多诗文,但对杜甫“沉郁顿挫”的诗歌风格仅仅保留模糊记忆,缺乏对其内涵的理解，对于格律诗这一文体不够了解，对杜甫诗的价值感受不深，生命的诗意需要深入探讨。但是班级总体学习氛围比较浓厚，均具有较强的声音感知力、诗文朗诵力、丰富的想象力，这为本课的设计奠定了基础。

赵某：男，视力残疾一级，语文学习基础好，熟悉杜甫的诗歌，能够分析意象，体悟作者形象，基本掌握了知人论世的学习方法，具备了学习本节课的活动经验和学习能力。语言表演兴趣班大班学生，朗诵水平高。在小组合作中，有一定的组织协调能力。能够初步理解情感、感受作者形象，在感悟作者精神价值方面需要老师引导。

黄某：男，视力残疾二级，语文学习基础一般，学习比较被动，上课羞于表达。基本掌握了知人论世的学习方法。语言表演兴趣班大班学生，朗诵水平较高。能初步理解情感、感受作者形象，在感悟作者精神价值方面需要老师引导。

李某：女，视力残疾一级，语文学习基础好，理解能力、认知能力强。熟悉杜甫的诗歌，能够分析意象，学习较为主动，上课羞于表达，说话声音小，朗诵水平较差。需要在老师和同伴的鼓励下积极作答。

马某：女，视力残疾二级，语文学习基础较好，学习比较积极主动，朗诵水平一般。在深入理解文本、感受作者价值方面需要教师引导、启发。

陈某：男，视力残疾二级，语文学习基础较差，对杜甫的诗歌不熟悉，朗诵水平较差。学习比较被动，上课羞于表达。在理解情感、感受作者形象及价值等方面需要教师积极引导。

戴某：男，视力残疾一级，语文学习基础一般，对杜甫的诗歌不够熟悉。语言表演兴趣班大班学生，朗诵水平较高。学习比较主动，但在理解情感、感受作者形象及价值等方面需要教师积极引导。

张某：女，视力残疾一级，语文学习基础一般，理解能力、认知能力较好。比较熟悉杜甫的诗歌，学习主动，但说话声音小，朗诵水平较差。需要在教师和同伴鼓励下积极作答。

何某：男，视力残疾一级，语文学习基础薄弱，理解能力、认知能力较好。比较熟悉杜甫的诗歌，学习主动。在理解情感、感受作者形象及精神价值等方面需要教师积极引导。

张维某：男，视力残疾二级，语文学习基础较弱，理解能力、认知能力较强。不熟悉杜甫的诗歌，但学习主动，积极好学。在小组合作中，有一定的组织协调能力。在理解情感、感受作者形象方面需要教师积极引导。

林某：男，视力残疾一级，语文学习基础弱，理解能力、认知能力差。不熟悉杜甫的诗歌，学习被动，朗诵水平一般。需要在教师和同伴鼓励下积极作答。

蔡某：女，视力残疾三级，语文学习基础薄弱，理解能力、认知能力差。不熟悉杜甫的诗歌，学习不主动，上课羞于表达，说话声音很小，朗诵水平较差。需要在教师和同伴鼓励下积极作答。

彭某：男，脑瘫，视力残疾三级，语文学习基础弱，记忆能力、理解能力、认知能力差，口语表达不清晰。需要在教师和同伴鼓励下回答简短的问题。

【教学目标】

课程标准：

1. 能正确、连贯、有感情地朗读课文。

2. 感受祖国语言文字独特的美，增强热爱祖国语言文字的感情。

3. 感受和体验作品的语言、形象和情感之美，能欣赏、鉴别和评价作品，具有正确的价值观、高尚的审美情趣和审美品位。

4. 将言语活动经验逐渐化为具体的学习方法和策略并能在实践中具体地运用。

单元目标：

1. 认识诗词的当代价值，提高思想修养和文化品位，增强对中华优秀传统文化的传承意识，增强文化自信。

2. 通过诵读涵泳，发挥联想和想象，感受诗歌的意境之美，独立欣赏诗歌独特的艺术魅力。

3. 借助知人论世、以意逆志等方法把握诗歌内涵，体察诗人对社会与人生的思考，理解诗人的精神境界，提升综合审美鉴赏力。

4. 在学习本单元作品的基础上，根据自身实际情况，写一篇文学短评。

课时目标之共性目标：

1. 语言建构与运用：有感情地背诵诗歌。通过学习文中关键句，理解其深沉的情感。

2. 思维发展与提升：运用联想和想象鉴赏诗歌，体味作者形象及价值。

3. 审美鉴赏与创造：经历“七读法”中的“五读悟情感”“六读析形象”“七读传经典”层层鉴赏诗歌过程，初步学习用“诵读法”层层鉴赏诗歌，理解杜甫“沉郁顿挫”的诗歌风格。

4. 文化传承与理解：通过表演《典籍里的中国》节目，体悟杜甫忧国忧民、心系苍生的人物形象及时代精神，形成对生命价值的思考。

课时目标之个别化目标：

赵某、李某、黄某(A层学生)：能有感情地背诵诗歌，会用“诵读法”层层鉴赏诗歌，能理解杜甫“沉郁顿挫”的诗歌风格，可以通过《登高》进行“沉郁顿挫”诗歌风格的初步赏析。在“典籍里的中国”节目情景演绎中，能体悟杜甫忧国忧民、心系苍生的人物形象及时代精神，形成对生命价值的思考。

戴某、陈某、何某、张某、马某、张维某(B层学生)：能流利地背诵诗歌，在问题引导下可以通过学习文中关键句，理解内涵，体会作者形象及情感，能基本掌握杜甫“沉郁顿挫”的诗歌风格。在《典籍里的中国》节目情景演绎中，能回忆杜甫其他诗歌，体悟杜甫忧国忧民、心系苍生的人物形象及时代精神。

林某、蔡某、彭某(C层学生)：能准确地背诵诗歌，在老师引导和同学帮助下能初步理解杜甫“沉郁顿挫”的诗歌风格。在《典籍里的中国》节目情景演绎中，能回忆杜甫其他诗歌，体悟杜甫忧国忧民、心系苍生的人物形象。

【教学重难点】

重点：经历“七读法”中的“五读悟情感”“六读析形象”“七读传经典”层层鉴赏诗歌过程，初步学习用“诵读法”层层鉴赏诗歌，理解杜甫“沉郁顿挫”的诗歌风格。

难点：通过表演《典籍里的中国》节目，体悟杜甫忧国忧民、心系苍生的人物形象及时代精神，形成对生命价值的思考。

【教学方法】

朗诵法、知人论世法、情景演绎法、讨论法等。

【教学环境与教学资源】

录播室、课件、朗诵音频、表演配乐、背景材料。

【教学过程】

一、复习导入

1.复习旧知。

教师提问：“沉郁顿挫”是如何在上节课前4个环节中体现的？

明确：

一读定基调：悲愁，沉郁。

二读划节奏：平仄，顿挫。

三读明结构：起承转合，顿挫。

四读品意境:雄浑悲壮,沉郁。

2.明确任务。

继续通过朗读,赏析《登高》中“沉郁顿挫”的诗歌风格。

3.齐读全诗。

要求:读出基调、节奏和雄浑悲壮的意境。

【设计意图】通过提问、学生朗读,掌握学生上节课对重点知识的把握情况,利用任务驱动让学生明确本节课的任务。

二、五读悟情感

1.教师提问:“万里悲秋常作客,百年多病独登台”有八重意思。你们能读出几层?

2.组织小组讨论。

3.小组代表发言。

4.明确八重含义:宋代罗大经《鹤林玉露》:万里,地之远也;悲秋,时之惨凄也;作客,羁旅也;常作客,久旅也;百年,暮齿也;多病,衰疾也;台,高迥处也;独登台,无亲朋也。十四字之间含有八意,而对偶又极精确。

5.分析情感,体现了杜甫创作的什么风格?教师引导:一联之内,作者将地远、悲秋、久旅、年迈、多病、无朋这几种悲情融为一体,体现出“沉郁”的风格。

6.全班齐读颈联。要求:读出“沉郁”的情感。

【设计意图】通过小组讨论环节,引导学生通过个别读、小组读、结对子读等方式分析诗歌感情,突破难点,最后在齐读中品味诗歌中复杂的情感。

三、六读析形象

1.讨论问题:诵读后两联(登高所感),说一说你“眼”中的杜甫长得如何,是一种什么样的人物形象?

组织同学们自己读一读。找两名学生用自己的语言把后两句的意思说出来。

指名学生说一说:你“眼”中的杜甫长什么样?

教师组织学生结对子,合作完成。

教师进行补充及诵读和分析指导。

明确杜甫形象:穷困潦倒至极,关注国家命运,关心百姓安危。

2.分析问题:杜甫的形象体现了杜甫创作的什么风格?

教师引导:作者穷困潦倒,百病缠身,却心系百姓国家。他本想借酒消愁,却因为肺病不得不停下酒杯,忧郁之情无法排解。这种矛盾复杂的形象将作品“沉郁”的风格淋漓尽致地体现出来。

3. 有感情地诵读后两联。要求：边想象作者的形象，边进行朗读。

【设计意图】为构建学生心理地图，对作者形象的分析采用低视力和全盲学生合作的方法，增强学生的合作表达意识，通过让学生反复诵读，力求使学生达到心理康复和语言康复的效果。

四、七读传经典

1. 节目开场，学生入戏。

师：杜甫，这位历史上最伟大的诗人，给我们后人留下了宝贵的精神财富，课前，我已经叫同学们模仿《典籍里的中国》，策划一期《典籍里的中国——走近杜甫》节目。今天，杜甫老先生穿越到2021年，来到你们的身边。下面有请我们班的主持人和杜甫老先生上场。

2. 学生开展《典籍里的中国——走近杜甫》节目。

3. 大家畅谈如何学习杜甫。

教师引导：我们虽然视力有缺陷，但比起杜甫，我们有幸生活在这个和平幸福的年代。我们也需要和普校同学一样，为祖国发展而刻苦读书。最重要的是：无论我们遇到什么样的困难，心中仍然要有星辰大海。

【设计意图】教育戏剧法有助于增强学生的学习兴趣，使学生深入挖掘作者丰富的内心世界，通过时空穿梭，借古通今，让学生体会杜甫的形象，体现思政价值。

五、方法总结

1. 同学们尝试着背诵全诗。

2. 师生总结回顾：这节课如何从《登高》中感受诗圣沉郁顿挫作品风格的？

五读悟情感：地远、悲秋、久旅、年迈、多病、无朋等，沉郁。

六读析形象：爱国忧民、穷困潦倒，沉郁。

3. 总结学习方法。

通过诵读法，我们学习到：顿挫是指抑扬顿挫、轻重缓急的节奏。沉郁是指雄浑宏大、深沉悲壮的意境和地远、悲秋、久旅、年迈、多病、无朋这六种感情。诗人爱国忧民的生命价值形成，铸造了作品沉郁顿挫的风格之美。

六、拓展思考

请同学们从杜甫《江汉》《旅夜书怀》《秋兴八首（其一）》3首诗歌中选择1首，尝试从“沉郁顿挫”作品风格的角度加以鉴赏。

【设计意图】通过开放性的作业布置，锻炼学生对“诵读法”的掌握，培养学生的知识迁移能力，提高学生对语言文字的运用水平。

七、板书设计

登　高

节奏——抑扬顿挫、轻重缓急

顿挫　结构——起承转合

沉郁　基调——悲愁

意境——雄浑壮阔、悲凉深沉

情感——地远、悲秋、久旅等

形象——爱国忧民、穷困潦倒

【教学反思】

亮点：

1. 妙用诵读法。

通过七读法，让学生经历一个鉴赏诗歌的过程，获取鉴赏诗歌的一个方法，引导学生吸收中华古诗词文化，提高学生的思想文化修养，落实语文学科中的语言建构与运用、思维发展与提升、文化传承与理解、审美鉴赏与创造四大素养。诵读贯穿了整堂课，教师创设了情境，引导学生以读促解、以读促悟、以读体情，层层推进，把“沉郁顿挫”抽象的概念具体化，学生从内心深处感受到了这种情感，对这四个字有清晰认识，学生从朗读中去想象描绘出杜甫的形象，攻克了难点。教师带领学生读—品—悟，学生去探索、去感悟，最后得到升华。慢慢地，不仅仅只是杜甫的诗风，学生的博雅的君子之风已经有点体现出来了。

2. 体现了康复效能。

语言康复：通过七读法，训练了学生的语言逻辑思维与表达能力。在“六读析形象”中，小组代表答题的时候，教师能够及时引导小组先找关键词，再分析几层意思，通过答题方法的指引，学生瞬间就能重新讲述。

社会康复：本节课中的“七读传经典”是最精彩的环节，古今的对话表演让学生穿越了千年的岁月，学生们感受到我们今天的幸福生活来之不易，也增强学生的民族自豪感和爱国热情，体现了课程的社会康复效应。

心理康复：在进行个别化教学过程中，采取同桌同学结对子合作方式。低视力学生讲述图画中杜甫的人物形象比较困难的时候，教师激发全盲同学的好奇心，同学们七嘴八舌地针对杜甫帽子大小、头发浓密、眉毛什么样子等进行提问，课堂氛围轻松，既发挥了低视力学生的残余视力优势，又能促进学生之间的课堂互动。

不足与反思：

1.教育智慧不够。

在第二环节，学生抓到了七层“悲”，没有读出“台”这层悲，教师虽然点出来了，但是没有进行深入的分析。学生阅历有限，这里可以做一个补充：台为什么要更高？第一，时间是重阳节，这是习俗。第二，作者的目的是咏怀，站在高处，会觉得天地广阔，而自己如此渺小，人生的短暂和渺茫之感一下子就从心中流露出来了。

2.分类教学不够。

设置的任务活动需要体现个别化，分组教学中让每位学生都有人物。

3.有序训练不够。

在低视力学生讲述环节中，需要引导学生有序训练，培养低视力学生讲述图片的能力，让他们按照一定的顺序来讲，从形象到语言、神态、动作等，这对他们的心理地图的构建和表达能力的提升会有很大帮助。

吴晓霞　让数学课堂充满“数学味儿”

吴晓霞

广东湛江人，1977年生。1995年毕业于湛江市幼儿师范学校，2006年本科毕业于中央广播电视大学。现执教于广东省湛江市特殊教育学校，小数数学高级教师，湛江市小学数学骨干教师。主持和参与省级、市级课题7项，在《基础教育论坛》等杂志发表论文6篇，近20篇论文、方案、微课、教学设计获奖，其中1篇论文《简便运算不“简便”》获国家级二等奖。参与编写中国盲文出版社出版的盲校义务教育实验教科书四(上)、五、六年级数学配套练习题集。曾获全国第七届、第八届中小学思想道德建设学习“先进个人”、湛江市“优秀少先队辅导员”、霞山区“教坛新秀”等荣誉称号。

初心如磐，笃行致远

1995年8月至今，我已在小学数学教坛上探索耕耘了28年，先后在普校（“普通学校”的简称）和特校担任小学数学教学工作，其中在湛江市第二十七小学任教21年，在湛江市特殊教育学校任教7年。普校和特校的教学经历，促进我对小学数学教研工作深入探究。从区级观摩课、说课比赛、专题讲座，到撰写发表论文、开展省级和市级课题研究等，我从一位年轻的教师成为区级骨干教师、区级特聘教研员、市级骨干教师、市特殊教育指导中心师资培训组组员，这都离不开踏实的工作、学校的栽培和导师的引领。不管是从事普通教育还是特殊教育，我都初心如磐，笃行致远。

一、普校专业成长路径

(一)磨课、比赛，积累扎实的教学基本功

18岁那年，我从湛江市幼儿师范学校毕业，分配到湛江市第二十七小学，成为一名青涩的小学数学教师。二十七小是一所刚成立的公办学校，学校办公条件简陋，第一年只有3个教学班，和我一同到校报到的教师有刚毕业的师范生和从别的学校调来的教师，学校只有1名校长、1名管教学的主任和10名教师。

学校处于初建阶段，刚走上讲台的我也是处于教学初期，一节课的内容，我往往半节课就讲完了，没有任何的教学艺术可言。幸运的是，当时负责教学的教导处主任莫瑞英是区内小有名气的小学数学教师，集体备课时，莫主任带着我们熟悉教材，手把手地教我们如何备好一节课：先读教学大纲，再读教师用书，从备一个单元到备一个知识点再到备一个课时。莫主任还经常深入课堂听课，课后进行评课。在莫主任的悉心指导下，我的课堂教

学工作慢慢步入正轨。

1996年秋，在学校刚落成的新教学大楼里，我要代表学校上一节全区观摩数学课《时、分的认识》。为了上好我人生中的也是学校建校以来的第一节全区公开课，从周一到周末，从白天到晚上，莫主任带着我一起磨课，修改教学设计，制作幻灯片，乐此不疲。为了让学生体验1分钟有多长，我和莫主任反复讨论设置什么样的环节让学生既有深刻的体验又有收获。结合低年级学生的特点，我们特意节选了1分钟的古典音乐《四小天鹅舞曲》精彩片段，既让学生体会了1分钟时间有多长，又让学生在欢快的音乐中放松。一节课有张有弛，学生学得轻松，教学目的也达到了。功夫不负有心人，观摩课获得一致好评。

之后，学校对外公开课的任务都落在我身上，我也勇挑重担，不辜负学校的培养，在不断地备课和备赛中精心磨炼教学基本功，打造高效课堂。1999年，我代表学校参加霞山区第一届小学数学青年教师说课竞赛，获一等奖；2003年，我再次参加霞山区第二届小学数学青年教师说课竞赛，获二等奖。2000年我被评为霞山区“教坛新秀”。

（二）课改、探索，夯实数学专业知识

在专业成长路上，市二十七小和霞山区教育局教研室给我提供了专业的指导和良好的成长环境。2001年秋，我有幸作为全国第二批实验区的一线教师参与新课程改革教学工作，从学习《全日制义务教育数学课程标准（实验稿）》的基本理念与具体内容目标开始，到使用新教材，进行了小学一至六年级大循环教学，经历了我国轰轰烈烈的基础教育新课改的第一个“十年”。

2003年9月，刚上任不久的霞山区小学数学教研员张颖老师到我校进行常规推门听课，听了我的一节数学课后，认为我的课堂充满数学味儿，很实在。那时莫主任已经调离湛江，从此，在张颖老师的带领下，我坚持参加区级骨干教师培训班，争取机会外出观摩优秀比赛课例，在课堂教学中落实新课程理念：转换教师角色，从主导者变成引导者；改变学生学习方式，从被动学习到主动学习。渐渐地，我在数学课堂上形成了自己的教学风格，课堂上有创设情境激趣设疑的导入，有自主探究、小组合作交流的学习方式，有严谨的数学语言，充满着浓浓的数学味儿，凸显出学科性。

2004年，区教研员张颖老师组织成立了霞山区小学数学中心备课组，作为一个比较大的互动平台，把区属学校分类组合起来，以名校辐射带动开展三位一体区域性教研活动，为教师学习新的教育理念和成长提供同伴互助平台。我作为学校代表参加中心备课组教研活动，并担任了片区教研组的组长。在活动中，我组织大家学习新课标，对新教材进行分析等教研活动，增强课堂结构改革的探索意识。区域合作学习，更新了我的教育理念，使我对教材的理解把握更到位，我的教学方式产生了变化，个人数学专业知识掌握得更扎实，结合新课改撰写的多篇教学案例、论文，多次获得市、区级奖。

(三)示范、引领，辐射区域教师发展

短短几年时间，我成长为霞山区小学数学学科骨干教师、湛江市小学数学学科骨干教师，2006年，被任命为学校教导处副主任，负责学校数学教研工作，被聘为霞山区小学数学教研员和常务理事，参与全区小学数学教研工作。我用我的专业知识，指导、引领本校、本区域青年教师迅速成长。2007年，我的课改经验《问渠那得清如许，为有源头活水来》在全区小学数学教研会议上交流，同时这篇文章获得教材使用经验报告全国三等奖。2009年，教学论文《简便运算不“简便”》获全国论文比赛二等奖，并收录在获奖论文集中。2012年4月，我再次承担了全区新课改成果展示观摩课，获得评委高度评价。多年来，我指导学校青年教师参加区数学、体育等学科教学活动竞赛，获得优异成绩。2012年，指导青年教师陈老师以区赛第一名的成绩代表霞山区参加湛江市小学数学青年教师说课竞赛，获市二等奖。我带领的学校数学教研组被评为霞山区第一届优秀教研组。2010年，参加霞山区教育扶贫项目，到雷州沈塘镇某小学指导教研活动；作为张颖教研团队成员之一，受邀为遂溪县教师培训做个人成长汇报。为学校及本市小学数学教学教研工作及年轻教师培养开创新局面作出积极的贡献。

二、特校专业成长路径

2016年，我调入湛江市特殊教育学校，任学校教务处主任和担任视障生小学数学教学工作。这是一所办学近30年、有着学前至高中教育的综合性特殊教育学校。刚接触一群视力残疾的孩子，我心里充满着惶恐和敬佩：惶恐自身缺乏特教专业知识和技能，敬佩特校的教师用专业技能教会特殊孩子的文化知识、培养孩子独立生活的能力，敬佩教师的敬业精神和特殊孩子的坚强品质。

不服输的我，从零开始。为了尽快熟悉视障生的教学工作，我阅读特殊教育教学相关图书；自学盲文，从刚开始依靠学生读作业给我批改，到慢慢

可以独立批改学生的盲文作业；积极争取参加国培和省培的机会，努力提高特教专业知识和技能。

这样的日子过了一段时间，我感觉在教学上还是无法突破自我。怎样才能给特殊学生带来更精彩的课堂，在课堂上激发他们最大的潜能，让他们也和普校的孩子一样，轻松有趣，自主探索，学习有用的数学知识？如何把我在普校多年来的教学经验融入特校的教学课堂，形成我在特校的教学风格呢？

同时困扰我的还有一个问题。我虽然在教务工作上积累了一定的经验，工作方法及课堂教学也得到了领导、同事、学生和家长的肯定，但个人专业能力特别是特殊教育教研能力没有得到提升。焦虑的情绪一度困扰着我。

（一）学习蜕变，再次成长

在我迷茫的时候，湛江市特殊教育黄岱名教师工作室和广东省刘少敏名教师工作室向我抛出了橄榄枝，我有幸作为入室学员、市级工作室助手先后加入学习气氛浓厚、重视教师专业成长的省、市级名师工作室团队。

2018—2020年，在湛江市黄岱名教师工作室学习的3年时间里，工作室主持人黄校长给了我在特教专业上的支持和引领，帮助我梳理了个人专业规划和发展方向，向我推荐特殊教育专业书。3年的学习，一切从零开始，我学习特校新课标，深度研读特教专业书，参加工作室研修活动，按时交作业，上公开课、竞赛课，制作课件和微课参加比赛，听课、评课，撰写教学论文，参加送教下乡诊学活动、普特融合活动。

我的课堂教学有了新变化，能做到以生为本，创设生动有趣的情境，激发学生的学习兴趣，培养学生发现问题、提出问题和分析、解决问题的能力。学生在课堂上学会了倾听，学会了用数学的眼光观察世界，学会了用严谨的数学语言表达现实世界，更乐于学习数学了。功夫不负有心人，我撰写的教学教研论文发表了，竞赛课、课件和微课也都获奖了，其中微课《口算除法》获湛江市教育“双融双创”行动暨2020年教育教学信息化交流展示活动一等奖，教学课例《众数》获市一等奖，参与了2项课题研究，主持了1项课题研究。

个人专业能力得到有效提升的同时，教务工作管理也凝练出特色——精细管理。2019年6月，在和共建学校黑龙江省绥化市庆安县特殊教育学校的交流会上，我代表学校进行“精细管理”教务工作经验交流。

（二）优质平台，科研领航

2021—2023年，我有幸作为入室学员加入广东省刘少敏名教师工作室，如饥似渴开启新一轮学习。

在广东省刘少敏名教师工作室学习中，主持人刘少敏副校长给我压担子，搭建平台，成为我教研成长路上质的飞跃的动力。我多次担任活动主持人，组织研修活动，做到活动前精心策划，活动中认真主持，会后及时提炼总结。通过主持，我的组织能力、语言表达能力、控场能力等综合素养得到进一步提升。通过线上、线下跟岗研修，观课、议课，对各学科课标的学习领悟更深刻，评课越来越得心应手、中肯到位。

省、市名师工作室作为优质平台，主持人刘少敏副校长引领着我，促使我在教学科研的道路上越走越顺畅。目前，主持和参与研究的省级、市级课题共7项，已结题的有4项。根据课题研究成果发表、获奖的论文、方案有10多篇。其中，2021年教学设计《认识小数》获广东省特殊教育数字资源征集活动“优秀资源”，特殊教育艺术团融合课题研究论文《“五善育人”模式在特殊教育学校融合艺术团中的实践探究》获得2022年广东省融合教育优质资源征集活动论文一等奖（排名第二）、美育案例获市级一等奖，主持课题“校地合作建设特殊教育人才培养基地路径探究——以岭南师范学院与湛江市特殊教育学校合作为例”的研究成果在《基础教育论坛》杂志上发表，课题于2023年顺利结项。

（三）以赛促研，协同培养

在教师培养培训上，我整合学校省级校本研修和内涵建设发展项目资源，统筹校内教师培训工作。2021年4月，我为全校教师作专题讲座《如何撰写教学设计》，每年坚持给新入职教师做培训。2022年疫情停课期间，指导教师们制作微课等网络学习资源，在学校公众号推送，供全校师生使用，其中一节唱游与律动课资源选送市级资源平台播出。在指导老师们备赛中，成己达人。无论是指导教师们制作线上教学资源还是备赛，我都和他们一同备课，精心研读新课程标准及教材，细心修改教学设计和课件，用心磨好每一节课。我根据自己参加说课比赛、上观摩课的经验，结合特教专业知识，指导教师参加2021年广东省首届美育教师教学基本功比赛，3人获一等奖，2人获二等奖，1人获三等奖；在2021年湛江市首届美育教师教学基本功比赛中，6人获一等奖，1人获二等奖；在2023年湛江市第二届美育教师教学基本功比赛中，7人获市一等奖，其中5人代表湛江市参加省级比赛。我本人也多次获得优秀指导奖。

近年，我协助市教育局组织了市三届特殊教育青年教师教学能力大赛和湛江市首届美育（特殊教育学科）教师教学基本功比赛工作，获得高度评价。特别是在2019年特殊教育青年教师教学能力大赛中，我承担起前期的筹备、方案的制定、试题命题的组织等工作。在筹备过程中，我发现要学习的东西非常多：一天内如何高效、合理安排4个比赛项目的时间和场地，在命题时才发现，我专业知识极度缺乏，平时关注较多的是盲生教育，关于聋生和培智生的教育知识几乎为零，于是恶补专业知识，研读与特殊教育有关的教学案例、教学问题等专著，最后根据参赛老师任课的专业类别，设计了符合三类学生的试题，得到评委们的肯定。

在个人成长的道路上，只有自我学习是远远不够的，更多的是在团队和导师的引领下，找到适合的发展方向，不断实践，自我反思，知行合一，才能有效提高自身专业素养。

朴素、扎实，凸显学科性

从教28年来，不论是普通教育还是特殊教育，我都坚守教学一线，一直担任小学数学教学工作。坚持和孩子们在一起，学习生活化的数学知识；多年的深耕，及各位导师的指导，我的教学风格初步形成，课堂教学朴素无华，基本功扎实，充满着浓浓的“数学味儿”，凸显出学科性。

朴素，即质朴，朴实而不浮华，不刻意修饰，是厚实积淀、丰沛内蕴的自然流露，是一种优良的民族传统。朴素的课堂是“美”的课堂。扎实，即坚固结实，指脚踏实地，做事认真、踏实、不虚浮，一步一个脚印。

2011年版《义务教育阶段课程标准》和2016年版《盲校义务教育课程标准》均提到：数学课程要面向全体学生，适应学生个性发展的需要，使得人人都能获得良好的数学教育，不同的人在数学上得到不同的发展。学科教学的组织与展开必须体现学科的本质和功能。学科教学必须给学生独特的经历和体验、独特的任务和要求。

学科实践强调的是“学科性”，要求用学科独特的方式来学习学科，用语文的方式学习语文，用数学的方式学习数学，用科学的方式学习科学，用体育的方式学习体育，这就是我们平常所说的“学科味儿”。数学课堂应该有数学课独特的学科性，学科性也就是“学科味儿”，“数学味儿”就是以数学的眼光去发现、观察现实世界，用数学的思维去分析、思考其中的具体现象，从中寻找解决问题的方法，探索结果，用数学的语言来表达。数学是思维的体操，数学思考是数学课堂的主角，学生的数学素养在不断品味“数学味儿”的过程中得以形成和发展。

多年来，我在数学课堂上，善于用朴素无华的数学语言，逻辑鲜明地表达数理，精心创设情境激趣设疑，开展自主探究和小组合作，引导学生主动探索、主动学习，每一个教学环节都朴素、扎实。为了让学生在玩中学、在做中学有用的数学知识，每节数学课我都想方设法引导学生去探索、发现、思考、解决数学问题，培养学生的数学思维，课堂上充满了浓浓的“数学味儿”。

一、体现以生为本的教学理念

数学课程标准提到：有效的教学活动是学生学与教师教的统一，学生是学习的主体，教师是学习的组织者、引导者与合作者。教师要发挥主导作用，处理好讲授与学生自主学习的关系，引导学生独立思考、主动探索、合作交流，使学生理解和掌握基本的数学知识与技能，体会和运用数学思想与方法，获得基本的数学活动经验。

一直以来，我秉着“以生为本”的教学理念，改变原来课堂上多讲少练的教学方式，基于学生的身心特点和个别差异，设计和组织有效的教学活动，引导学生自主探究、合作学习，鼓励学生独立思考、大胆发言，反思质疑，在关键点处进行点拨，体现以学生为主体的地位。

二、创设生活情境，学习生活化的数学

新课标在课程总目标中要求，学生能体会数学知识之间、数学与其他学科之间、数学与生活之间的联系，在探索真实情境所蕴含的关系中，发现问题和提出问题。学习活动离不开情境，知识往往在情境中生成和显现。情境既是数学问题的载体，又为学生的数学学习提供鲜活的素材，还成为学生学习数学的动力源。情境既与数学知识的来源有关，又与学生的生活经验有关。

我从参加课程改革开始，就尝试在每节数学新授课上，结合学生已有的生活知识和学生的年龄特点，创设教学生活情境，激趣设疑，激发了学生探究问题的兴趣。

数学来源于生活，也植根于生活。在教学时引导学生从生活问题出发，启发学生类比联想，充分挖掘其中隐含的数学知识，在不断发现、探索的活动过程中，品味蕴含的“数学味儿”，逐步提炼出生活中的数学本质。

回想以前我读小学的时候，六年级数学中水池同时放水和进水求时间的数学问题常常让我抓狂。在我成为小学教师后，教材中已基本看不到这类型的题目了，特别是2001年全国课改后，数学教学内容已逐渐走向生活化，教

学情境的创设越来越接近学生的实际生活。在使用教材中，我不仅要解释教材例题，还要解释一些常见现象，并根据盲生的生活基础，对教材内容进行整合，置换成盲生生活中的例子，让学生感觉到数学是有用的，可以解决生活中的问题，与他们的生活、学习密切相关，从而激发学生的学习兴趣和求知欲望。

三、重视学生数学语言的培养

数学核心素养要求：会用数学的语言表达现实世界。数学的语言可归结为文字语言、符号语言、图形语言三类。

语言表达数学化，体现“数学味儿”是自然科学的重要基础。数学不仅是运算和推理的工具，更是表达和交流的语言，学生通过数学学习和数学应用能学会用数学语言表达世界，这就是新课改提出的目标之一。我们在课堂教学中不仅要培养学生在生活情境中能够抽象出数学概念，更要能够进行高度概括和准确表达。

在数学课中，我重视学生数学语言的培养，特别是文字语言，培养学生欣赏数学语言的简洁与优美，训练学生规范作图，正确书写公式，让学生初步感悟数学与现实世界的交流方式，培养学生使用数学语言来表达数学知识、交流数学观点的习惯，培养学生的语言组织能力和表达能力，训练学生思维的逻辑性和严谨性，形成跨学科的应用意识与实践能力。

让学生在充满生活情境的课堂中学会用数学的眼光观察世界，发现、探索、思考、解决数学问题，我一直在努力。我引导学生学习，学习气氛不一定热烈但要浓厚，要在朴素、扎实的课堂中学会用数学思维思考世界，在思考中前行，学会用数学语言表达世界，表达自己的心声。

盲校数学《小数的初步认识》教学课例

【教学内容分析】

《小数的初步认识》是盲校义务教育实验教科书三年级下册第七单元第1课时的教学内容,是建立在对人民币和长度单位的认识,以及分数的初步认识和万以内数的认识基础上的学习。

小数在现实生活中应用广泛,学生在日常的生活中或多或少都接触过小数。本课借助常用的长度单位米、分米、厘米之间的关系理解小数的实际意义,借助元、角、分巩固小数的意义,在生活中运用。

【学情分析】

盲部三年级共有学生6名,其中全盲5名,低视力1名,都是视力(盲)一级,低视力学生患的是黄斑病变,视力极度差,看汉字基本是贴着课本,考虑到实际情况,该生从一年级就开始学习盲文。

6名学生的智力正常,都是学习盲文,学习接受能力相近。在实际教学中,所有学生的教学进度一致。班级学生相对文静,不够活跃,而且学生学习阶段处于第一学段,教师创设与生活相关的教学情境,激发学生学习兴趣,让学生了解数学可以描述生活中的一些现象,感受数学与生活有密切联系

戴某:男,理解能力较强,能独立发现分析问题,提出问题,会运用不同的方法去解决同一个问题,能清晰表达自己的想法。与他人合作交流能力强。积极主动参与数学活动,对数学的好奇心和求知欲很强。

招某:男,理解能力强,能独立发现分析问题,提出问题,会运用多种方法去解决同一个问题,能清晰表达自己的想法。与他人合作交流能力强。积极参与数学活动,对数学的好奇心和求知欲很强。

黄某,男,理解能力强,能独立发现分析问题,提出问题,会运用多种方法

去解决同一个问题，能清晰表达自己的想法。与他人合作交流能力较强。积极参与数学活动，对数学的好奇心和求知欲很强。

王某，男，理解能力一般，在老师引导下能发现问题，提出问题，解决问题，能较完整表达自己的想法。与他人合作交流能力一般。能参与数学活动，对数学的好奇心和求知欲一般。

邓某，男，理解能力一般，在引导下能发现问题，解决问题，表达自己的想法。与他人合作交流能力一般。能参与数学活动，对数学的好奇心和求知欲一般。

黄某，女，理解能力一般，在引导下能发现问题，提出问题，解决问题，能完整表达自己的想法。与他人合作交流能力一般。能参与数学活动，对数学的好奇心和求知欲一般。

【教学目标】

课程标准：

1.初步认识分数和小数。

2.了解分析问题和解决问题的一些基本方法，知道同一个问题可以有不同的解决方法。

3.了解数学可以描述生活中的一些现象，感受数学与生活有密切联系。

单元目标：

1.结合具体情境和几何直观图，使学生了解小数的含义，能认、读、写不超过两位的小数，并能运用小数表示日常生活中的一些事物，感受小数与实际生活的密切联系。

2.使学生经历比较的过程，学会比较一位小数的大小，能解决比较简单的小数比较问题。

3.使学生在具体情境中体会小数加法、减法的算理，会正确计算一位小数加法、减法，并能解决简单实际问题。

周目标：

1.联系生活实际认识小数，知道以元为单位、以米为单位的小数的实际含义。

2.知道十分之几可以用一位小数表示，百分之几可以用两位小数表示。

3.能识别小数，会读、会写小数。

4.由生活实例加深对小数内在含义的理解，并在此基础上比较小数的大小。

5.掌握小数加、减法的计算方法。提倡学生用多种方法计算小数加、减法，进而解决实际问题并从中体会和感悟小数加、减法的算理。

6.掌握运用小数加、减法解决生活中的问题的方法，会解答一些数学问题。体会解决问题的多样化，培养分析问题、解决问题的能力。

课时目标：

1.结合“测体温”的实际情境，联系生活实际初步认识小数。初步理解小数的意义，学会认、读、写不超过两位的小数，初步感知十分之几可以用一位小数表示。

2.借助常用的长度单位米、分米、厘米之间的关系理解小数的实际含义。

3.感受小数在日常生活中的广泛应用，体会数学与日常生活的密切联系。

4.渗透迁移数学思想。

【教学重难点】

重点：知道小数的实际含义，并会读、会写小数。

难点：以元为单位的小数与元、角的互相改写；以米为单位的小数与米、分米的互相改写。

【教学环境与教学资源】

早上学生测量体温的数据，盲生用米尺，硬币（1个1元，2个1角），纸币（5元、5角各1张），超市收款凭证，盲文练习题卡，课件。

【教学过程】

一、课前准备

1.复习。

1米=(　)分米　　1分米=$\frac{(\quad)}{10}$米　　3分米=$\frac{(\quad)}{10}$米

1元=(　)角　　1角=$\frac{(\quad)}{10}$元　　5角=$\frac{(\quad)}{10}$元

教师播放课件。学生摸读盲文练习题卡，并举手回答。

2.测量体温。

教师用额温枪帮学生测量体温，报数并记录，学生默记。

【设计意图】复习长度单位、人民币单位之间的换算，为例题的教学、理解小数的意义做铺垫。

二、创设情境，导入新课

师：春节至今，由于新冠疫情的影响，大家都在积极做好疫情防控工作。

根据疫情期间学校管理规定，每天要监测师生的体温。刚才吴老师给你们测了体温，还记得自己的体温是多少吗？（学生纷纷汇报自己的体温。）

师：同学们的体温都是在正常范围内。体温超过多少是发烧呀？（学生回答：37.3℃。）

师：这些数和我们以前学过的数一样吗？像这样的数在生活中，我们还在哪里见过呢？

【设计意图】新冠疫情期间学校管理规定，每天早上要为学生测量体温。结合这一特定情境，创设测量体温情境，联系生活实际，感受小数在日常生活中的广泛应用，体会数学与日常生活的密切联系。

三、探究新知

1.认识小数。

（1）从购物小票上认识小数。

教师读出课前收集的购物小票上的物品名称、数量及价格，告诉学生小数的概念。

像36.6，37.3，29.8，0.30，…，这样的数叫小数。

（2）学生在题卡上摸认小数。

小数点前面是整数部分← 37.3 →小数点后面是小数部分

↑

小数点

（3）小结小数的特点：小数最重要的特征是小数点，小数点的作用是指出它的前面是个位；人们通常把小数分成两个部分，前面是整数部分，后面是小数部分。

（4）揭示课题：今天我们就来学习一些小数的知识。

【设计意图】根据《盲校义务教育数学课程标准》（2016年版）实施建议，在盲文数学符号教学中，应根据学生学习盲文先读后写的特点，依据教学过程中教学符号出现的顺序，按教材上盲文数学符号的书写，开展同步教学，不断培养学生的符号意识。学生通过摸读练习题卡上的37.3，感知小数点，认识小数、小数点、整数部分和小数部分，落实教学目标。

2.学习读、写小数。

（1）介绍小数的读法：

小数点读作点，小数点前面整数部分，读法不变，小数点后面的小数部分则依次读出每个数位上的数字。

(2)练习:读一读。

请读出下面的小数:0.48,3.60,1.3,50.9。

(3)介绍小数的写法。

(4)练习:写一写。

师:写小数时要注意什么呢?

介绍小数的写法:按照读的顺序依次写出每一位上的数字。小数点要写在个位后面。

学生在练习纸上写出自己刚才的体温,不用写单位。

3.学习例1。

(1)引导学生认识以米、分米、厘米为单位的小数的实际含义。(认识以米为单位的含有一位小数的数字。)

师:想一想,你们还在哪里见过小数呢?尺子上也藏着小数吗?请同学们拿出米尺,找一找0.1米在哪里。

师:把1米平均分成10份,每份是多少分米?

师:1米平均分成10份,每份是1分米,1分米是10份中的1份,所以1分米可以表示为十分之一米,还可以写成0.1米。

师:3分米是其中的几份?用分数来表示是几分之几米?还可以写成零点几米?

小结:十分之几可以写成零点几。

(2)想一想:王东身高1米3分米,只用米作单位,怎样表示?

师:同学们会读、会写小数,也理解了小数的含义。老师想请同学们帮帮忙。请听:王东同学的身高是1米3分米,想写成只用米作单位,怎样表示呢?

学生独立思考后,在老师的引导下说出自己的算法。

(把1米3分米分成1米和3分米,1米不变,3分米是0.3米,共1.3米。)

小结:我们认识了小数,会读、会写小数,也了解了小数的含义,知道十分之几可以写成零点几,也就是0.1表示十分之一。

【设计意图】在盲生教学中,教具、学具有不可替代的辅助作用,能为学生提供教学模型、丰富感性认识、弥补视觉缺陷,帮助学习、理解数学内容。老师提出问题,学生寻找米尺上的0.1米,激发学生的学习兴趣,让学生通过摸一摸,在观察、操作等活动中,弥补视觉缺陷,促进学生积极思考,落实教学目标。

四、课堂练习(练习题卡)

1.做一做。

1角是1元的十分之一，是1/10元，可以写成0.1元；

5角是5/10元，还可以写成(   )元；

8元5角写成小数是(   )元？

想一想：你是怎么算的？

2.摆一摆，说一说。

①请摆出1个1元硬币，2个1角的硬币，请说出你摆出多少元？

②请摆出一张5元，一张5角，请说出一共摆出多少元？

(学生拿出硬币和纸币，听老师的要求摆数，教师相机指导。)

3.说一说。

一包薯片6.66元，请问6.66元是(   )元(   )角(   )分呢？

4.填空。

0.2米=$\frac{(\ )}{10}$米=(   )分米　　0.7元=$\frac{(\ )}{10}$元　　7分米=$\frac{(\ )}{10}$米=(   )米

2.63元=2(   )6(   )3(   )

(学生读题、思考，汇报。)

5.你们知道世界上是哪个国家最早使用小数吗？

学生通过课件，了解我国古代用小数表示分数的方法。

【设计意图】了解我国古代用小棒表示小数的方法，让学生了解数学发展的历史，感受我国古代人民的聪明智慧，激发民族自豪感。

6.播放分数的历史小视频。

【设计意图】让低视力学生通过观看小视频，了解数学发展的历史，感受我国古代人民的聪明智慧，激发民族自豪感。

五、课堂总结

今天我们学习了什么内容？

学生在老师的引导下回顾本节课的知识点。

六、作业

第20页第2题。

七、板书设计

小数的初步认识

小数点前面是整数部分 ←37.3→ 小数点后面是小数部分

↑

小数点

【教学反思】

亮点：

1. 创设生活情境，创造性使用教材，认识小数。

在新授知识环节，我没有采用书本的例题教学生认识小数，而是把测量体温作为学生学习的情境，从体温认识小数，学会小数的读、写，联系生活实际，创造性使用教材。

在教学过程中，学生刚开始摸到小数点，不知如何读，也不敢大声读出来，我及时告诉学生：在37后面的小圆点“.”，就是小数点，读作“点”。学生通过摸读练习题卡上的37.3，感知小数点的形状、大小、位置，从而认识小数点，认识小数的整数部分和小数部分。

这样的设计，既遵循了新课标学习盲文数学符号的教学原则，又让学生体会到数学与生活之间的联系，很好落实了课程标准的知识技能和情感态度目标，经历盲文数学符号的学习和应用等过程，初步认识小数，以数学的眼光去发现、观察现实世界，用数学的思维去分析、思考其中的具体现象，掌握盲文数学符号，正确使用数学语言，对身边与数学有关的事物有好奇心，能参与数学活动。

2. 动手操作，探索知识，加深对小数含义的理解。

在盲生教学中，教具、学具有不可替代的辅助作用，能为学生提供教学模型，使学生丰富感性认识、弥补视觉缺陷，帮助学生学习、理解数学内容。

在本节课中，我结合教学内容给学生准备了3种学具：盲生专用的米尺以及硬币、纸币。

在例1的教学中，我提出“尺子上也藏着小数吗？请同学们拿出米尺，找一找0.1米在哪里”，激发学生的学习兴趣。

在练习环节，我结合课本中的练习题（看图填数），设计了“摆一摆，说一说”的练习，让学生通过动手摸一摸、摆一摆，引导学生独立思考、主动探索，在观察、操作等活动中，弥补视觉缺陷，在做中学，在玩中学，使学生理解与掌握基本的数学知识与技能，体会和运用数学思想与方法，获得基本的数学活动经验，促进学生积极思索，落实教学目标。

不足与反思：

1. 对盲生方位感的了解不够深入。

在教学认识小数时，如果把表述“小数点前面是整数部分”改为“小数点左边是整数部分”，“小数点后面是小数部分”改为“小数点右边是整数部分”，会更贴近盲生的摸读和书写习惯。

2.温故知新，为新知做铺垫不足。

在设计教学中，我的教学思路是先复习长度单位、人民币单位之间的换算，为例题的教学、为理解小数的意义做铺垫。但由于分数是上册学习的内容，课前我没有深入复习分数的意义，在上课时发现学生已经忘得差不多了，对后来学习分数与小数的互换增加了难度。

以后在备课的过程中，我不仅要根据常规备课，还要钻研教材前后之间的联系，了解盲生的学习、生活习惯，体现“以人为本”的理念，促进学生的全面发展，在课程中落实新课标。

谭芋君　求真向善，共生悟美

谭芋君

广东湛江人，1979年生。2001年专科毕业于肇庆学院音乐系，2006年本科毕业于华南师范大学音乐系，2007—2009年就读华南师范大学教育管理硕士班。现执教于广东省湛江市特殊教育学校，特殊教育高级教师。荣获“顺德区最喜爱的教师”“顺德区教书育人优秀教师”“顺德区优秀班主任”等称号。主持并参与省市级课题“随班就读儿童多元融合支持保障体系建设研究”等。《用温柔的坚持擦亮星星》等10多篇文章发表在《广东教育》《新课程研究》等期刊上。《团体音乐活动促进自闭症儿童社会交往能力个案研究》《随班就读自闭症学生共同注意力干预研究》等教学论文、案例20多篇获省级、市级奖项。参编出版人性化系列课程教材3部，2018年获得广东省特殊教育课程成果一等奖。

求真向善，做一名快乐的老师

教师的专业发展是一个线性与非线性交替的过程。一位教师成为优秀教师乃至于卓越教师，不仅仅需要漫长的潜心修炼，还需要一次又一次或大或小的“际遇”。除了与他人的际遇外，还有与一个教育或教学事件、一个共同体、一次演讲或者一本书的际遇，还要在学习中不断自我扬弃。

一、影响我一生的父母和老师

际遇和教养存在一种相互依赖的关系。作为艺考生时，家人带着我拜访几位名师学艺。其中，蔡乔中老师是对我一生影响至深的人。他教会我“尊重学生，用勤奋、坚忍、感恩的态度迎接一切困难”。我生于20世纪70年代末，从小在家庭的熏陶下喜欢音乐，虽然先天条件不错，但是没有受过专业的音乐训练。爸爸送给我的一部迷你版红色三角钢琴，用手指轻轻就能按弹出清脆的琴声，这是让我抹不去的美好记忆；一上小学，音乐老师的手风琴让我很感兴趣，当我有一部像老师那样迷你版手风琴时，不分白天昼夜拉着音乐书上的歌曲满巷子里跑……小时候，放学回家，常看到爸爸或妈妈哼着歌曲在厨房炒菜，吃的每道菜肴都飘着“我的祖国、小燕子……”的香甜幸福味；我的姐姐们不仅能歌善舞而且心灵手巧。我要面临高考了，全家极力支持我去参加艺考，面临半年的艺考时间，我认为能考上的机会渺茫。在联考前，妈妈带着我到广州蔡老师的家里，拜其为师。我的基础弱，蔡老师为了教会我看五线谱，送了一本五线谱的视唱练耳书，让我坚持每天通过五译简的方式学习视谱；他还为了快速提高我的视唱练耳，有空总用自行车搭着我去补课。他更是为了鼓励我学好文化课顺利上大学，而用用自身的经历感染我，告诉我要坚定目标，通过勤奋学习一定会成功。他说：“在读中师时，由于没有接触过钢琴，每天连续8个小时地练琴，手指淤血了就包着布弹，熄灯就点着蜡烛练，后来，他在中师被保送到华师大留教后继续硕博连读。”蔡老师现任星海学院院长，热爱教育事业，用爱传递爱，为岭南音乐事业乃至全国音乐教育做出非凡的贡献。父母的爱和蔡老师的事迹对我一生影响深远，当我面临生活中的一地鸡毛时，那一束光，让我学会认清生活的本质，仍然热爱生活。

二、立志走特殊教育专业道路

第一次看见“特教教师”这四个字是在华南师大招聘会上，抱着对这四个字的好奇上前应聘，后来它成了我存在的身份。这份好奇心一直让我保持着对这块领域的热爱和探索。我应聘的顺德启智学校于1999年建立，在21世纪初时，国家培智学生教材无法满足中重度智障学生的需求。在当时，特教专业老师也寥寥无几，即便是特教教师，他们对处理学生的行为问题有时候也措手不及。在课堂上，我们教智障孩子的方法也像教普通孩子那样以抽象的知识符号与知识技能为教育内容。每天，老师们身心疲惫。大家都意识到课堂教学内容让学生无法在生活中运用，学生在课堂上出现尖叫、打人等不良行为，严重困扰着我们，我无法胜任工作任务。记得班上一个自闭症孩子，天天跳，天天叫，时不时跑到我跟前两眼对着我，一会双手举起来，一会上下蹦跳，我说“坐下”，她也说“坐下”。事实她并没有做出“坐下”的动作。一段时间后，家长向学校申请带她回家教，理由是老师不专业，学校不具备教自闭症儿童的课程。这次事件使我清晰地认识到走特殊教育专业道路的重要性。

教育最根本的任务是培养人，课程是实施育人的重要载体。课堂是实施课程育人的阵地，课堂革命是一场轰轰烈烈却没有硝烟的战场。在课改实践中，王志超教授带领我们叩问要培养什么样的人？为什么教？教什么？怎么教？学校在专家团队指导下带着思考努力探索自主和开放的办学格局，立足学生需求，建设针对中重度智障儿童的“人性化”课程，把“智障儿童培养成为社会上有尊严活着的人”。此举措掀起特教界一片思潮，全国各地同行慕名前来，我作为非特教专业的小白，加倍努力学习，在课堂中获得存在感。

（一）班级管理从稚嫩走向成熟

班主任是一个班级的灵魂。第一次当班主任遭遇家长让孩子退学后，我的班级也随之解散了。在2005年，天降重任，我第二次担任全校最重度智障儿童班的班主任。家里，有三个月大的孩子嗷嗷待哺；学校里，要带新班，新教师……我想有三头六臂才能应付过来。我班有13名学生，其中三名学生严重干扰课堂秩序：坤见人就抓，稍不小心一个巴掌印被留在脸上；锡无法自理生活，每天双手捧着垃圾篓子在教室里旋转，无法安坐；峰每天躺在地板上，一过去拉他就被咬，教室里乱成一锅粥，教师难于组织课堂教学。这种日子过得筋疲力尽，度日如年。在这紧急关头，学校让我参加一场班主任培训，授课专家都是教育界魏书生、安文铸等人。通过名家的传经送宝，倾囊相授，让我受益终生。教育家安文铸先生说："每天有进步的学生是好学生，每天能让学生有进步的老师是好老师。"他的话让我醍醐灌顶，"在做中学，学中做，努力改变班级的现状，让学生每天有点滴的进步"成为我的班级管理目标。接下来，我利用功能分析法观察记录分析学生行为发生的原因和次数；通过正强化塑造学生的期待行为，通过负强化消除学生的不良行为。功夫不负有心人，一个学期下来，三名学生的打人、咬人、在地上滚的次数慢慢在减少，安坐时间也在逐渐增加。学生的点滴变化给我带来成功的喜悦，让我深刻地体会到：特教的"特"在于掌握特殊教育专业方法。作为新教师，被授予区级"教书育人优秀教师"称号，是对我莫大的鼓励和鞭策。

2009年，我又向学校申请带新班并担任班主任，梁敏仪校长同时邀请我加入学校的行为技术小组，在她的带领和指导下，与优秀的同事们共读共研，加速提升了我的教育教研和班级管理能力。在班级管理上，我与家长达成"做中学，学中做，让学生每天有点滴的进步"的一致思想。我根据学生的身心发展规律和障碍程度建设结构化的班级管理课程；在1—3年级，学生处于生存阶段，以建立良好行为习惯为导向，以课间活动为载体；帮助学生建立良好的社会性行为规范；每个课间我都陪着学生玩耍、打闹、如厕、清洁；在日常活动中为他们安排安坐模仿、指令反映等社会化教育内容，在行为建立前阶段我主要运用连续性强化的方法，到中后期根据学生情况慢慢将强化消退或持续。在4—6年级，孩子们处于自立阶段，在前期打好的基础上，我以巩固和发展社会性行为为主，将课上的学科活动整合到课间进行班级的结构化管理。如：晨读增记忆；小课间遵喜好（积木、阅读、球等）；大课间团建（音乐操、篮球、教室清洁等）。在管理上运用代币制和间歇强化方式为主。例如：学生在参与活动中运用代币间歇性进行奖励强化；每天、每周都设置换购物品的时间，根据学生的需求提供换购。当孩子们到7年级时，大多数社会性行为在课程的综合作用下，已经内化逐渐形成自动化管理。每天清晨，他们主动站好在教室门口前数数塑形、背读课文；课下选择自己喜欢的玩具，听到上课铃声自觉归位；到了球场打篮球，抱球、拍球、投篮都能在一声指令下做出统一的反应；到音乐操时间，自己开音乐、站点，自己完成。在学生的发展阶段，教育方法逐渐运用到认知学派的社会学习理论、顿悟说等。学生通过教育不断完善社会化过程，逐渐养成很多的习惯，优秀的品质也逐渐突显。如："服从岗位安排、礼貌待人、遵守规则、规定时间内完成任务、会察言观色……"在担任班主任的时间里，孩子们给予了我很多快乐，也让我的班级管理能力从稚嫩走向成熟。我荣获区级"教书育人优秀教师""教书育人骏马奖""优秀班主任""最喜爱的教师"等称号，荣誉的背后是肯定更是鞭策。可喜的是，我被邀请加入广东省课程资源开发"十一五"规划课题组，在校长的带领下指导生活老师将行为强化技术运用在教学区，参与生活区育人课程的构建与编写，引领生活教师走教师专业成长之路。

（二）课堂教学从"失败"走向创新发展

我执教的《叫名字有反应》一课，作为优质课，推上全校公开课。上完课后，自我感觉良好，教学活动行如流水，学生参与活动率达100%，目标达成90%。但是，校长当着外校和本校许多人的面，当场否定我的课堂教学，评价它是一堂"失败"的课堂，因为叫名字是在不断地打破学生的专注。第二天，校长独自和我再一次探讨课堂，教育我保持自己与他人不同的观点，学会不因他人的否定而终止对特殊教育教学的研究和探索，启发我学会包容和保持自我。

发现问题，以问题导向创新课堂教学。平时，我喜欢带着发现的问题借助教评并结合教学活动尝试解决问题。如发现大部分教师的课堂教学活动单一、重复、枯燥，促使我思考将期待目标行为渗透在活动中，将游戏导入情境化活动，设计从易到难的叠加、变式，实现教育无痕。抱着思考投入实践，我上一节康复课，将教学目标定为"听指令能做出反应"，整堂课实现学生全员参与，全程参与，有效参与。在一次参加奥尔夫音乐法培训中，曹老师讲授的课堂活动案例分解让我醍醐灌顶，支架式教学方法让我在教学中取得新的突破，设计原理与我追求目标导向的活动设计是一致的，至今我一直在学习、探索和实践它。记得有一次刚上课，校长通知我要迎接校外教师观摩课，于是我学以致用，大胆开展即兴课堂教学活动，采用支架式教学法，把来听课者纳进课堂进行融合教学。听课对象有智障孩子、大学生、外来听课教师，我根据不同对象设计不同的活动要求，在活动上以感受和体验为主，根据参与者的反馈，目标行为要求从容易到难进行叠加，这堂课采用了支架式教学法，让每个人都能够参与课堂教学，体验课堂的平等和快乐。

为了突破中重度智障学生上台展示机会为零的现象，我向学校申请开设鼓圈实验班一年。在这一年里，我突破原有课堂模式，将鼓圈活动带进课堂，桶、盆、纸盒等成为我们的乐器，我运用不同的乐器增加中重度智障学生的课堂参与度，帮助他们在玩中学、学中玩，增强与人互动，提高自信心，在课堂上尊重每个孩子对乐器的选择和每个孩子运用乐器发出的节奏。这一年的鼓圈实验课吸引了很多老师围观与参与。在期末展示上，我带着90%的中重度智障孩子走上舞台做教学成果汇演，所有的家长、老师们都响起热烈的掌声。在解决教学存在问题的过程中，激发了我的教学激情，增强了我对教学的自信和乐趣。

三、重构学习共同体促专业再成长

我于2018年调回湛江工作，打破了原来17年建构的舒适区，遇到了很多困难。2018—2020年，我加入黄岱校长的市级名师工作室学习；2021年至今，在广东省刘少敏名教师工作室学习。两位导师为我提供广阔的平台，促我专业再成长。两位导师的特教情怀与专业技能让我心生敬意，促使我更坚定了自己的教育信念。新启航，可以终止过时的、不合适的发展，开始新的探索。

（一）认识自我，超越自我

跳出17年的舒适区，主动构建成长思维，在实践中检验和调整自我。我强烈意识到：自己学习类型单一，阅读数量不够，进去跳不出来，专业写作能力不足等。在新单位，重建学习共同体，共同建设真、善、美的特教生活。2022年，在两位导师的指导下，我推出了两节不同课堂风格的教学课例《劳动真快乐》和《智苑小餐厅》。两节课例的类型和风格截然不同：一节是综合“音乐、节奏、动作、情境”的常态康复训练课，另一节是构建“生活化情境”的课堂教学。我不断用课堂、论文、课题的方式输出对特殊教育的思考和实践，这个过程我非常享受，让学生在课堂教学中体验到成功的快乐，同时让我体会到超越自己的快乐。

(二)共生悟美,活出精彩

郝晓东老师曾说，比努力更重要的是平台，比努力更重要的是高人，比努力更重要的是方向，比努力更重要的是时代，比努力更重要的是资源。两位高人为我提供广阔的平台和丰富的资源。2020年9月，学校组建启智康复干预团队，任命我担任组长，推动启智部教学教研发展。在导师的指导下，围绕“康复干预”的目的、内涵、操作方式、课程设置等方面进行探索，团队老师面向省、市学校开讲座4场，推送10节优秀教学资源，公开发表论文8篇，论文、案例10篇进入省优秀资源，夯实了课堂教学基础，推动了启智部育人管理规范化建设，助力了区域教师专业发展。

过一种幸福完整的教育生活，它在于不断超越自己，活出属于自己的精彩。2021年我身体遭遇危机，身边人说：“你的职称评上了，不需再做什么了。”我想：“如果不能做事，那我还能感到幸福和快乐吗?”一方面照顾好身体，另一方面坚持回到单位中与同事、家长、学生共同编织我的教育生活。

2021年6月，学校推荐我到岭南师范学院执教特殊教育系学生的“音乐与律动”课程。此课程致力于完善人的基本素养，实现人类自身美化，拓展人的精神世界，塑造完美的人格，培养高素质全面发展的人。在课堂上，我始终贯穿“以德树人”的目标，培养特殊教育系学生的职业认同感，并激励他们努力学习，掌握好专业知识技能，朝着社会化、多元化、人性化状态发展。在课堂上，师生共同进入丰富的艺术世界，促进师生结合不同类型特殊学生的需求共同探讨和设计音乐活动，以便使特殊儿童专注力、记忆力、反应力、协调力、表现力、创造力以及与人交流、沟通、合作能力得到培养和提升。

2022年9月，我被学校任命为资源处副主任，主要协助湛江市特殊教育资源中心日常管理及具体工作落实。推进融合教育是我从事特教的理想和信念，让普通孩子和特殊孩子在一片蓝天下一起学习、一起生活更是每个特教人肩负的责任。跳出特殊学校到大学任教，跳出社会化课堂到个训康复干预课堂，跳出特殊教育走进融合教育之路，这些都是我从未涉及的领域，是一次次新的挑战……当我接受挑战时，就意味着超越了自我，内心感到无比喜悦和激动；怀着感恩的心，在有限的生命里活出属于自己的精彩。

破茧成蝶是每个人的梦想，然而蜕变的过程确实漫长而痛苦，为了明天的美丽飞舞，唯有选择勇敢地走下去。感恩所有的遇见，我将保持对特教事业的热爱，继续探索我市随班就读学生的支持保障体系和教育安置、康复训练课程等，为推进我市普特教师一体化，为融合教育，做出我应有的贡献。

快乐求真，至简向善，共生悟美

陶行知先生主张的“生活即教育，社会即学校，教学做合一”的生活教育理论，影响着我从事培智教育。我是一名音乐教育专业师范生，毕业后一直扎根于培智生的一线课堂教科研，通过不断学习特殊教育专业的方法技能，将培智生在社会中没能完成的内容迁移到课堂，逐步为他们设立和发展社会化教育目标，逐步完成社会性的历程，帮助他们融入社会，最终成为社会上有尊严活着的人。从教以来，我主张“课堂社会化，生活教育化”，对培智生实施课堂教学。

个人的性格与教学风格有着直接的联系。我的性格是率真、善良、可爱。参加工作以来，我潜心育人，不断追求走特殊教育专业之路。我任教学科是康复训练，学科教学强调尊重学生差异性，在训练中夯实生活基础技能，在实际生活情境中发展社会性技能。经过多年的锤炼与沉淀，我逐渐形成“快乐求真、至简向善、共生悟美”的课堂教学风格。

一、快乐求真

庄老“无为”至乐，我的理解是：做人做事动机单纯，做利他的事，活出自在的快乐，即帮助他人在有限的生命里追求快乐与智慧。在教学中，老师要让学生体验到课堂带来成功、带来快乐，要符合学生的身心特征，要基于制定的教学目标，要让其“跳一跳，够得着”。我追求在自然的情境中，运用简洁、精练的指导语，为学生提供多感官活动刺激，学生成功习得目标行为的过程就像人站在挂满果实的树下，尝试跳一跳，再跳一跳，就摘到果实而获得成功，有了这样成功的体验，就能提高学生参与社会体验的自信。这是我当老师最快乐的事情。

终身学习，要不断探索教学行为背后的理论。培智生的身体发生器质性的损伤，导致其发育水平低，处于具体动作思维阶段，常做出不符合社会情景的行为，不容易被社会人接纳。如：随地大小便、见到食物就抓抢、哭闹、攻击他人等。让学生顺利回归社会，只有立足于培智生教育的本质，不断探索教与学的过程与方法，塑造良好的社会性行为规范，建构教育社会化、生活教育化的课堂教学。

培智生养成社会性行为并逐步完成社会化的过程，就是发展成“社会人”的过程。学生的发展规律和个体差异性决定了教育内容必须是学生可操作的，教育过程必须是学生可以体验的，具体操作的过程是可观察和测量的，只有这样才能让学生在操作过程与直接体验中去掌握社会性行为规范和各种关系。培智生的真实情境教育，就在每天的生活环境和特定场景中，只要有利于学生产生体验的场所都应该是课堂，而不局限于以“希沃平台、粉笔卡纸”为典型特征的传统课堂。

二、至简向善

特殊教育是学科交叉的一个体系。我们身处中国式现代化建设时期，全国各种特教课程如雨后春笋涌现出来，从基本的课程观到各门派学习原理，再到各学科课程教学方法，较为复杂，但是学到一定的程度，掌握不同类型特殊学生的身心特点和认知规律后，一切就变得简单了，这就是“大道至简”。在课堂教学中，要做到“准简一操”：目标精准，指导语简练，规则简易，方法单一，操作体验。培智生认识事物的过程，就是在实践体验的基础上，由感性认识到理性认识的飞跃，再由理性认识到实践迁移泛化的飞跃。特殊孩子的成功体验，往往是在成功和失败的多次反复中形成的，他们学习的规律就是感受体验，再感受，再体验，循环往复以至无穷。为了能够让学生产生真实的体验，学习的时间不局限在30分钟或者40分钟，它应当以学生的差异性和需求为前提，通过创设真实的情境空间，将社会性行为的产生、强化、巩固形成一个连续性的学习过程。在新授阶段，观察在不同学生习得目标行为的情况下，运用连续性强化方式将其习得行为加以巩固；在复习阶段，随着学生学习能力的提高，运用认知学习理论、顿悟说帮助其自主探索、内化、迁移，形成有意义的泛化，最大限度地让每个孩子参与课堂并体验成功的快乐，最终让他们能够根据不同的情境做出相应的行为要求。

特殊教育学校的环境是人间一片净土，校园文化崇善向美，特殊孩子纯洁、真实、善良、努力、坚韧。我每天走进校园，由心而生地向善。向善，利他，追求快乐与智慧，享受在校园中人与人、人与社会、人与自然共同成长的快乐。

三、共生悟美

美，是艺术的哲学；悟美，在特殊教育中领悟人性之美。共生悟美指通过教师与教师、教师与学生、学生与学生、家长与教师在教育中建立学习共同体，相互激活、相互唤醒，体现社会人对特殊儿童的“尊重、接纳、包容”的和谐融合之美。

共生悟美要求特殊教育教师用“爱与专业”让每个特殊儿童活出自己精彩的人生，形成育人之美，实现自我价值。

培智学校生活适应《我上学了》教学课例

【教学内容分析】

《我上学了》选自《培智学校义务教育生活适应课程标准(2016年版)》国家培智教材生活适应学科一年级上册第一单元。《我上学了》共有4个课时，学生在经历了3周校园生活后进行第1课时的学习——《我的学校和班级》。通过学习，学生能够说出/比画/找出图片，如学校名称、班级名称，了解上学到班级的活动步骤，了解课间打水、如厕地点和名称，并在活动中逐渐建立活动规则意识。第二课时是《我上课的功能室》，学生在第1课时学习内容的基础上进一步说出/比画出相应学科的功能场室名称、地点。通过本单元学习，为新生适应校园生活打下坚实的基础。

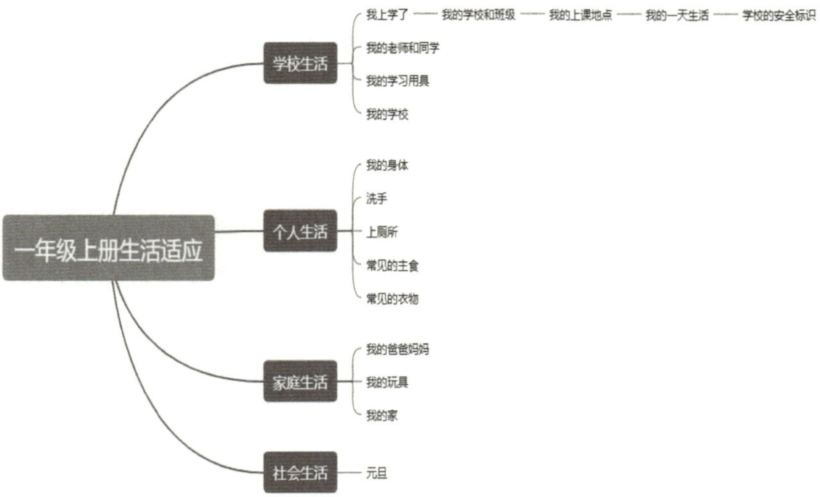

【学情分析】

培智学校一年级1班，学生8名，其中，男生5名，女生3名，有5名孤独症儿童，3名智力低下儿童。学生理解简单指令，如：坐下、起立、排队等；能在老师辅助下坐在指定位置；课间时，能在老师辅助下参与上厕所、打水、喝水等适应班级生活的日常活动；平常能说出常用生活物品名称，如：纸巾、手机、门、窗；能说出简单的句子并表达清楚意思：我要某某等，能回应这是某某的提问句。

小明，中度孤独症，男，7岁，回避眼神交流，不主动接近他人，有读幼儿园的经历，有离座行为，能小声跟读词语和5个字内的短句，在他人语言结合图片提示下能用2—3个字回应图片内容。

小李，中度孤独症，男，7岁，有读幼儿园的经历，伴有拍打、离座、咬衣服行为，能理解日常简单指令，在他人的语言提示下能运用5个字内的语言回应他人并作出相应行为。

小强，中度孤独症，男，7岁，有读幼儿园的经历，上学时伴有逃避进教室行为，能理解日常简单指令，在他人的语言提示下能运用5个字内的语言回应并作出相应行为。

小小，中度孤独症，男，7岁，有读幼儿园的经历，伴有间歇性嚎叫行为，能理解日常简单指令，在他人的语言提示下能运用5个字内的语言回应并作出相应行为。

大大，中度孤独症，男，7岁，有读幼儿园的经历，能发音A、U，没有语言表达能力，能理解日常指令并能用图片和动作（点头、摇头）回应是或不是。

小红，唐氏综合征，中度智力障碍，女，7岁，有读幼儿园的经历，能理解日常简单的指令并作出相应反应和对话，在老师的指导下能够参与日常的喝水、课间休息、上厕所等课间活动，能根据相应图片跟读，能说5个字以内的短句，用2个字回应他人的问题。

小白，唐氏综合征，中度智力障碍，女，7岁，有读幼儿园的经历，能理解日常简单的指令并作出相应反应和对话，在老师的指导下能够参与日常的喝水、课间休息、上厕所等课间活动，能根据相应图片跟读，能说5个字以内的短句，用2个字回应他人的问题。

小花，唐氏综合征，中度智力障碍，女，7岁，有读幼儿园的经历，能理解日常简单的指令并作出相应反应和对话，在老师的指导下能够参与日常的喝水、课间休息、上厕所等课间活动，能根据相应图片跟读，能说5个字以内的短句，用2个字回应他人的问题。

【教学目标】

课程目标：

1. 了解学校信息，熟悉和适应校园环境和生活。

2. 遵守学校作息时间，愿意参与学校活动。

3. 遵守校园安全规则、要求。

单元目标：

1.1 认识自己的学校名字、自己的教室、与自己相关的场所。

2.1 能了解学校的作息安排，愿意参与学校各项活动。

3.1 能遵守学校的各项安全规则，认识常见的校园安全标识，正确使用电梯，自主上下楼梯。

周目标：

1.1.1 能说出/指认/比画出自己学校的名字、班级活动相关场室的名称、图片（校门口、启智教学楼、上学、放学排队等候地点、放校卡、操场、厕所、饮水机等）。

1.1.2 能说出/指认/比画出学校各功能场室的名称、图片（班级位置、操场、图操室、唱游室、家政室、感统室、美工室等）。

2.1.1 能说出/比画出学校一天的作息安排，愿意参与教学活动。

3.1.1 认识常见安全标识，会使用学校的公用设施和资源，并能爱护学校的环境（电梯、垃圾桶、饮水机）。

班级课时目标：

1.1.1.1 能说出/比画出/到达相应地点或名称，如学校名称（学校门口图片）、插校卡位置、排队等候地点、班级名称（班级门口图片）、厕所（图片和位置）、饮水机（图片和位置）。

1.1.1.2 能说出/比画出/到达教学楼功能室（班级位置、操场、图操室、唱游室、家政室、感统室、美工室、游戏区等常用功能室图片）。

2.1.1.1 能说出/比画上课、下课、课间操、放学时间并遵循作息安排。

3.1.1.1 能说出/比画安全出口、危险、闪电等安全标识，会使用垃圾桶、饮水机等，会自主上下楼梯、乘坐电梯。

课时目标之个别化目标：

学生小明、小李、小强、小小，能在助教肢体/言语/动作辅助下参与班集体活动；能遵守排队规则；能说出、找出图片，到达学校门口、班级、插校卡位置、排队等候位置、厕所、饮水机处等。

学生大大，能在助教肢体/言语/动作辅助下参与班集体活动；能遵守排队规则；能比划出/找出图片；能根据相应图片在辅助下到达相应地点并做出正确的行为反应。

学生小红、小白、小花能参与班集体活动；能遵守排队规则；能说出、找出图片；能根据图片到达相应地点并做出相应的行为反应。

【教学方法】

游戏教学法、情境教学法等。

【教学环境与教学资源】

多媒体教室及课件。

【教学过程】

一、准备环节

1.组织教学（1分钟）

师生问好，点名应答，能应答的同学给予强化。

助教辅助听名字的学生应答，互动击掌或者给予学生喜欢的强化。

助教奖励专注看视频的学生（不离座、眼睛看视频）。

2.情境导入（1分钟）

【观看短视频】剪辑好孩子们在校门口排队、插学生卡、等候排队、进教室、课间打水、上厕所的视频。

学生看视频。

教师：同学们在做什么？

学生自由回答。

（拉长视频中的地点图）

教师：视频播放的是哪里？（我们的学校）（我们的班级）

学生自由回答。

引导学生齐读课题《我的学校和班级》。

助教给予回答和齐读学生相应强化物。

【设计意图】组织环节是点名和观看视频。点名帮助师生建立互动，强化师生关系和日常规范，提高学生注意力，为教学活动做准备；间接视频情境导入环节，引导学生通过视觉提示唤醒身体参与过活动的感知觉，为环节二活动打好基础，引导学生根据经验主动思考和自主表达，激发学生参与课堂的兴趣和为学生构建入校结构化生活打下基础。

二、发展活动

环节一：构建新知。

1. 了解和认识学校和班级名称、地点。

图片：学校门口（图片和名称）和班级门口（图片和名称）。

教师：看，这是哪里，它叫什么？

学生看一看，并思考回答：我们的学校，湛江市特殊教育学校，我们的班级，一（1）班。

助教根据学生能力提供相应辅助，强化学生正确的语言或者行为回应。

2. 了解日常上学的基本活动。

图片：插校卡（图片和名称）、排队等候同学、排队打水（图片和名称）、排队上厕所（图片和名称）。

教师：看，这是哪里？这是什么？他们在做什么？

学生：看一看，并思考回答。

校卡：他们在插校卡。

打水机：他们在打水。

厕所：他们在上厕所。

助教根据学生的能力提供相应的辅助，帮助学生达成目标，及时强化学生正确的反应。

图片 1，学生排队在具体地点做具体事情的图片；图片 2，学生堆在（乱）具体地点做具体事情图片。

主教：看，哪幅图的学生在排队？

主教：我们向哪幅图的同学学习？为什么？

环节二：巩固练习。

1. 找一找。

【多媒体】教师将学校、班级门口地点＋名称，校卡＋放校卡，打水机＋排队打水，厕所＋排队上厕所的相关图片制作希沃配对游戏，让学生在希沃配对游戏。

主教：检验学生是否理解学习内容。

主教：根据学生的反映，老师、同学形成自我评价。

助教：给予按要求完成的学生相应的强化。

助教：带动其他同学根据希沃内容大声读或者作出比画。

助教：给予按要求完成的学生相应的强化。

2. 听一听。

【击鼓传花】教师将学校、班级、校卡、打水机、厕所、排队的图片放在一个魔术箱中，鼓声响，同学传魔术箱，鼓声停，教师请学生逐个取相应图片并回答相应图片名称或做出相应动作。(排队、打水、放校卡)

主教：鼓声响，传魔术球；鼓声停，取出物品说一说或者比画魔术贴上的内容。

助教：拿到魔术箱的同学回忆图片和动作时，按需求给予相应的帮助。

助教：给予按要求完成的学生相应的强化。

环节三：拓展迁移。

做一做：

【录制视频】教师利用图片+相应的指令，让学生做出相应反应。排队进校门—插卡—排队等候—排队到班级—排队拿水杯—排队打水—喝水—有需求上厕所。

主教：请同学们按照图片找到相应的地点。

助教积极引导。

图片1，排队站在班级门口。

主教：组织学生在班级门口排队。

主教：出示学校门口图片，请学生说出学校名称。

助教带领学生们到相应图片上的地点，对于能做到相应行为的学生，助教马上给予强化。

图片2，放校卡。

主教引导学生做相应的动作。

助教：对于能够将胸口的校卡插入相应班级位置的学生，老师给予强化。

图片3，排队等候同学地点。

主教：对于能够到相应地点排队并站在相应位置的同学，老师给予强化。

图片4，在班级门口排队。

助教：引导学生找到自己的班级。

主教：对于能够找到班级并在门口排队等候的同学，老师马上给予强化。

图片5，打水的地点。

助教引导学生找到打水的地点。

主教：对于能够找到打水的地点并排队站好的学生，老师给予强化。

图片6，厕所的地点。

助教引导学生按图片找厕所的地点。

对于能够按性别进入相应厕所的同学，主教给予相应强化。

主教进一步检验学生对学习内容的掌握情况。

助教辅助并做相应评价。

【设计意图】依据学生的学习认知特点和学科素养将活动设计分为新知构建、巩固练习、迁移泛化三个环节。第一个环节，通过视频和图片提示，让学生进一步了解上学的基本路径和进行基本活动的地点名称。第二，通过图片帮助学生构建正确认知："我的学校叫湛江市特殊教育学校，我的班级叫一(1)班，我来上学的时候需要排队进门口，进入校园能够将校卡放进相应位置，我口渴了而懂得到打水的地方打水，有大小便需要而能够上厕所。"第二个环节，通过希沃游戏、击鼓传花游戏，加深学生对学习内容的理解并鼓励学生进行输出表达；教师通过视觉、听觉、语言、动作等多感互动表达加深学生学习内容的记忆，助教根据学生的需求进行引导和强化学生正确的理解和行为反应。第三个环节，将学生带到真实的情境中进行迁移泛化，更进一步了解学生认识学校生活环境具体名称、地方并结合自己需求做出相应反应的情况，在这个过程中，教师将"教+学+评"贯穿，让学生不断加深了解和提高认知，达成学习目标。

三、综合活动

1.课堂小结。今天我们共同学习我们的学校：湛江市特殊教育学校；我们的班级：一(1)班；我们来到学校，第一步，先要排队进校门口，第二步，进到校园要插校卡，第三步到班级地点排队等候同学。我们的班级是一(1)班，在班级里听从老师指令排队到打水机打水，排队到厕所上厕所。

2.课堂评价。每个同学都分享今天获得奖励情况(代币或者做了什么)；老师结合学生们的强化表结合相应学习内容进行总结评价。

3.作业布置：

请同学们说一说我的家住在哪里。

请同学们判断上公交车的时候排队还是不排队。

【设计意图】全课小结：教师对本节课的内容做出整体评价，让学生了解自己学校、班级名称等。通过作业的方式将学到的知识拓展到家庭和生活中，在实践中学会迁移知识。

四、座位安排

半圆座位，每两个孤独症儿童中间坐一名智力低下的儿童。

五、板书设计(略)

【教学反思】

生活适应课帮助培智生学会生活、掌握生活技能，在推进融合教育背景下，将生活适应学习内容放在课堂上，有利于提高育人的效果。

亮点：

根据学生的能力、身心特点、生活环境将教材进行校本化处理，让学生带着教材走进课堂教学。

1. 根据学生的学习环境，运用信息技术将学习环境处理成视频和图片而开展教学。

2. 根据学生的学习特点，运用信息游戏和传统音乐游戏开展教学活动。

3. 根据学生的身心特点，将课堂搬到校园等真实情境中进行教学，帮助学生学习迁移和泛化。

不足与反思：

学生是一年级的新生，在学生的强化物上未能做到了解全面；主教和助教的协作教学还在不断的磨合中，未能根据教学活动进行无缝衔接，导致学生有空闲时间。

主教和助教加强课堂协同教学，促进课堂教学效率得到提升；制定强化物调查问卷，对学生的喜好进行调查。全面了解学生的喜好，更有利于课堂教学，提高学生的学习效果。

梁月清　爱是最美的教育

梁月清 广东湛江人，1982年生。2005年专科毕业于许昌学院美术教育专业，2020年本科毕业于东北师范大学美术教育专业。现执教于广东省廉江市特殊教育学校，小学美术二级教师。参加省级课题1项。曾获湛江市首届美育教师教学基本功比赛美术类特殊教育组“二等奖”，广东省第十二届规范汉字书写大赛市级“优秀作品奖”。课件《手工菠萝瓶》获得湛江市特殊教育组课件二等奖。微课《手掌变魔术》列入广东省特殊教育数字资源“优秀资源”。

初见·磨炼·沉淀·感悟

受父亲的影响，我从小就喜欢画画，立志长大后当一名美术教师。从师范大学毕业后我如愿成为一名美术教师。其间，我曾担任过小学代课教师、私立学校的美术教师。一次偶然的机会，我考入廉江市特殊教育学校，担任美术教师及学校美术组组长。我觉得自己是幸运的，因为我可以在喜欢的岗位上做自己热爱的事情。不经意间，我已经与廉江特校这个温暖大家庭一起成长近八年。作为大家庭的一员，我由衷地感到骄傲和自豪。近年来，在学校领导的培养下，我从一名特教的“菜鸟”逐渐走向成熟，逐渐能够在自己的人生舞台上从容面对这群“折翼天使”。特殊教育学校是一个充满爱和奇迹的地方，我作为一名特教的美术教师，时刻怀抱着满满的爱，用艺术开启学生心灵的窗户，让他们在美的世界里感受到自信和快乐，感受生活的美好和无限可能。

一、初见——爱在心灵，有爱无碍

在特殊教育学校里，我见证了无数个初见爱在心灵的瞬间。那是一个个关于爱的故事，一次次发生在心灵深处，在每一支画笔的跃动中流淌出来。

记得当我第一次踏进廉江特校的大门，强烈的落差感和不适应，让我记忆深刻。我看到那一张张因残疾而显得呆滞的脸，那一位位衣衫不整却努力吐出含混不清的声音向我问好的孩子，我震撼不已。他们那纯真的笑容和期待的眼神，让我心生怜爱。同在一片蓝天下，我们共享着灿烂的阳光、多彩的世界、动听的声音，我们享受着来自父母的宠爱，感受着来自亲人的关怀；可是，这群“折翼天使”难以感受世界的美好，他们父母的爱、亲人的爱又是那么深沉和复杂……他们内心苦楚，人生艰难，正需要我们施以援手。从那天起，我想成为一名优秀特教老师的念头坚定了，我要用爱绘制出美丽的画卷，让学生感受到爱的温暖。

记得我在特校的第一节绘画手工课，由于孩子们行为问题严重，哭的、叫的、笑的、跑的、敲桌子的，乱糟糟一片，根本无法进行正常教学。等我费了好大劲儿，把孩子们安抚好之后，下课铃声响了。那一刻，我感到从未有过的挫败感，着急的泪水模糊了我的视线。这就是我的学生？这就是我的课堂？我问自己。“不行，我必须改变现状，我要尽快适应新的工作、新的环境。”我对自己说。爱在心灵，有爱无碍。我要有足够的爱心、细心和耐心。于是，在课后，我不断请教有经验的老师，可尽管如此，我还是因看不到学生的进步而心急如焚。

2016年9月，广州越秀启智学校的校长等几位领导来我校指导工作。我上的绘画与手工课的题目是《串串红》。作为特教新兵，很多地方我都无从下手。课上有一位自闭症学生，叫小权，一直吵着要零食吃，没有东西吃就敲桌子大喊大叫。为了不影响课堂顺利进行，我安排助教给他山楂片吃，吃完了，他还要，不给他又敲桌子大喊大叫。助教慌了，小权一吃完，马上给……就这样，一节课下来，小权吃了好几条山楂片。课后，听了专家们的点评，我惭愧不已：原来特教老师除了有爱心、细心和耐心外，更重要的是特教专业知识。后来，在陈校长的带领下，全校教师分批到珠三角特教名校接受培训、跟岗学习。陈校长还多次邀请特教专家来我校举办讲座，为我们输送特教专业知识，为我校特殊教育道路指明了新的方向。我深信，爱在心灵，有爱无碍。这份初见的爱，能够穿越时光的隧道，穿越言语的屏障，在心灵的深处找到共鸣。

二、磨炼——爱在课堂，有爱有乐

特殊教育美术课堂，我深刻体会到了爱的力量，这是一种源源不断的情感，在课堂中传递有爱有乐的精神，让学生们在欢笑中茁壮成长。

每学期伊始，我校各年级、各部门都会组织教师开展公开课活动，全校教师集体听课并进行研讨。每一次公开课，都从试课、磨课、正式公开课到最后集体评课。活动氛围特别浓厚。正是在这样的学习气氛中，大家共同进步、共同成长，从稚嫩走向成熟。特别是2018年，我有幸加入湛江市特殊教育学校黄岱名校长工作室学习，真是“走千里路，不如跟着名师的脚步”。在此期间，我有了更多的学习机会和更大的发展空间，尤其是外出听课，与兄弟学校的特教老师交流活动较多，我的课堂教学观念有了较大改变。

2018年春，我承担了绘画与手工课公开课的任务。为了上好《漂亮的樱花树》这节课，陈俏云校长和我的助教陪我一次次地试讲、备课、修改，给我提出了许多宝贵的意见。为了让课堂的各个环节都自然、高效，我们可是动了一番脑筋：开头声情并茂地描述同学们春游“廉江樱花公园”的真实感受，用同学们在樱花公园的照片导入新课，让学生感受大自然的美，通过讲授、演示、制作，步步引导学生完成自己的心愿，也就完成了课堂作业，再加上趣味性的评价总结，使学生感受制作手工作品的乐趣，获得心灵的愉悦，同时增强学生的自信心，提升他们动手操作的能力。课后，得到粤西地区各特殊学校领导的好评，还有特教专家杨溢博士的指导，我感觉醍醐灌顶，受益颇丰。

2019年秋，我代表学校赴湛江市坡头区特殊教育学校送教。我知道这又是一次学习、成长的契机。成长中的这些“大事件”之所以让我记忆犹新，是因为这种历练成长的点点滴滴，让我感激。学校领导的支持、组内同仁的陪伴，让我有勇气面对一次次挑战，得到一次次沉淀，逐渐走向成熟。

那是2020年春，我有幸和校领导一起到深圳市星园学校观摩了3节特教语文课，其中一节是高老师的《马牛羊》。整节课牢牢地抓住了我的视线，感觉自己刚从童话世界里走出来一般，看着学生意犹未尽的表情，我不禁感慨：高老师的课太生动了。原来特教的语文课创设的故事情境这么吸引学生。对于老师和学生的交流来说，语言是如此重要。优美的语句、流畅的语言，能让学生认真倾听，格外投入。语文课教学环节的设计、教学方法的使用、作业评价的方式，可以如此丰富。这样的语文课，哪个学生会不喜欢呢？此时我想：语文课可以这么吸引人，绘画与手工课为什么不可以呢？假如有这样的绘画与手工课，哪个学生会不喜欢呢？之后，我在备课时，都会从新课的导入、语言的组织、问题的设置、环节的设计方面去钻研和思考。在课堂教学中，让导入环节更加吸引学生，让提出的问题更利于达成教学目标，学生除了动手完成练习，还有动脑、动口的机会，学生的学习兴趣明显浓厚起来。

2021年，可以说是我人生最幸运的一年，因为我如愿以偿地成为慕名已久的刘少敏名师的弟子，正式成为广东省刘少敏名教师工作室的一员。我参加了多次培训学习、异地观摩、名师讲座等活动。我感受到了团队给我带来的欢乐与收获，体会到了团队互助共进的热情，更领略到了名师的风采。也许这一年我并没有值得夸耀的荣誉和值得炫耀的成绩，但我的导师及伙伴们好学上进、乐于创新、勇于开拓的精神给了我很大的动力，让我在特殊教育岗位上迈着坚定的步伐，在学习的道路上不断开阔视野，不断茁壮成长。在课堂中，我以真诚的关怀和耐心的付出，与每一位学生建立起信任和亲近的关系。我会倾听他们的声音，理解他们的情感，因为我知道，爱的表达不仅仅是言语，更是一种行动，是用心去感知和呵护。我努力将课堂打造成一个充满爱和乐趣的场所。在学习中融入游戏，通过趣味的方式吸引学生的注意力，激发他们的学习兴趣。我鼓励学生们用色彩和线条表达自己的情感，让他们在创作中找到乐趣和自信。在欢笑和笑声中，学生们感受到了课堂的温暖和快乐，他们不再感到学习是一种负担，而是一种充满乐趣的体验。

学生的进步和成长，是我最大的动力和快乐。我曾见证了一名自闭症学生从最开始的不愿沟通，到逐渐学会用画笔表达自己的想法。在这个过程中，有无数个爱和乐的瞬间，有他挥舞画笔时的专注和自信，有他完成作品后的骄傲和欣喜。这些瞬间，都是我与学生共同创造的，都是爱在课堂中的真实体现。爱在课堂，有爱有乐，正是我们共同努力的结果。我会继续用爱去关心每一位学生，用乐趣去激发他们的创造力，用耐心去引导他们的成长。通过爱与乐，我相信每一位学生都能够散发出自己的光芒，在特殊教育美术的世界中创造出属于自己的美丽。这份磨炼的爱，会陪伴我一路前行，让我的美术课堂充满温馨和欢乐。

三、沉淀——爱在积累，砥砺前行

每一次踏入课堂，我都深深感受到了爱的力量，它像一股暖流，悄然流进每一个学生的心灵。在这个特殊的领域，我不仅是一名美术老师，更是一位传递爱的使者和学生成长的引路人，要用心沉淀爱，用爱砥砺前行。

2021年春，湛江市教育局举行首届美育教师教学基本功比赛。我一接到通知，立即全身心投入，认真准备起来。我参赛的内容出自自编教材《好玩的海绵棒》，课堂上，我鼓励学生们用海绵棒蘸颜料，印出自己的情感和想法。师生配合默契，学习气氛轻松愉快，最后此课例荣获湛江市教育局首届美育教师教学基本功比赛二等奖；2022年我的课例《西红柿成熟了》被邀请参加广东省教育研究院举办的“2022年特殊教育课程教材教法研讨”课例展示活动……学生的每一次创作都是爱的流淌，每一次进步都是爱在积累，是情感在画布上的延续。我看到学生们在作品中流露出的自信和快乐，这种积极的情感不仅是爱的反映，更是学生在我的引导下不断积累的结果。我看到学生们逐渐变得自信。学生用画笔表达自己的情感，用艺术创造美丽的作品。这是我最大的成就，也是爱在砥砺前行中的最大动力。

随着对特教教学的不断深入，我思考的问题逐渐多了起来。我觉得之前上的一些公开课有很多欠缺。特教一节课，只有35分钟，我有些环节设计得花哨了，一味追求丰富的教学形式，只为照顾听课者的视觉效果，忽略了学生的学习效果，新课的讲授时间过长，让学生思考的时间不够。于是我调整那些课例的教学环节，重新分配时间。有些问题果断抛出，有些环节直接省略。教师对课堂时间的规划非常重要，认真对待每一个“35分钟”，把学、做、思有机结合，才能使课堂高效。

用心去沉淀爱，在积累中砥砺前行。每一个学生的成长都是爱的见证，每一次的进步都是爱的回报。我愿意用爱去温暖每一个学生的心灵，用爱去推动他们不断前行，用爱为他们铺就一条通向希望的道路。我相信，爱在积累，砥砺前行，会为每一个学生的未来带来更多的可能。

四、感悟——爱在担当，不忘初心

每个人的生命都是一幅独特的画布，通过美术教学在这幅画布上绘制爱的瑰丽图景，是我的责任与使命。在这个过程中，我深深体会到了“爱在担当，不忘初心”的真谛。

每位学生都是独一无二的。他们可能面临各种各样的身体或智力障碍，但他们同样怀揣着独特的梦想和希望。作为美术老师，我要担负起更多的责任，去理解他们的需求，关注他们的情感，帮助他们在艺术的世界中找到自信与快乐。正如绘画需要耐心和细心，特殊教育美术教学更需要耐心、细心和爱心。学生的每一次进步，每一次突破，都是对我付出的最大回报。然而，我的美术教学并非一帆风顺。面对困难和挑战，我初心不改，保持耐心和坚持，用心去发现每位学生的闪光点，引导他们走向艺术的道路。如画家在创作时坚持涂抹每一笔颜料，我也应该坚持每一次的教育和陪伴，让爱在担当中绽放出更美丽的光芒。

回顾自己在特殊教育美术教育中的点滴经历，我深深感受到了爱与责任的交织。每一次的笑容，每一次的进步，都让我更加坚定了自己的信念，也更加珍惜这份特殊而美好的工作。正是这份爱与担当，让我在特殊教育美术教育的道路上始终不忘初心，不断努力，不断前行。特殊教育美术教育是一项充满挑战和希望的事业，需要我担当起更多的责任，用爱心去呵护每一位学生的成长。让我铭记“爱在担当，不忘初心”的信念，用心去感知每一个瞬间的美好，让特殊教育美术教育的画卷在大家的坚持和付出中绽放出更加绚丽的色彩。

在成长道路上，感恩我遇到的每一位良师、每一位益友。我的校长用心栽培我，我的搭班老师对我是“有求必应”，我的团队绝对是“一个好汉三个帮”。凝结团队力量，互帮互带，一贯是广东省刘少敏名师工作室的教研特色，也是我们廉江特校的教研特色。爱是一种纯粹的情感，是心灵的交流与连接。艺术是一扇开启心灵之窗的钥匙。用爱和艺术开启心灵之窗的方式，让我重新审视世界，从中找到欢愉和启示，为每一位特殊学生打开心灵之窗，用创造力和积极的心态去迎接挑战。让特殊学生学会用爱去感受世界的美好，用艺术去开启心灵的窗户，让心灵在无限的创造和表达中得到滋养，从而拥有充实和美好的人生。

情景互动，唤醒创意之花

我在特殊教育学校的美术教学中，一种独特的风格正在绽放，那就是情景互动，唤醒创意之花。这种教学方式不仅简明充分、情景互动，更重要的是激发了学生的浓厚兴趣，让学生在欢愉的创作中找到自我，感受到无限的可能性。

一、简明充分——简明教，充分学

特殊教育美术教学，是一门需要耐心、爱心和创造力的艺术。在这个领域，美术老师扮演着引路人的角色，通过简明教学，充分引导学生学习，使每位学生都能感到喜悦、获得成功。

简明教学，是老师的一项重要素养。面对学生的多样性需求，我抓住重点，剔除繁琐，用简单明了的语言和方式传递知识。通过精心准备的教案和案例分析，我将抽象的美术概念转化为具体的实践操作，让学生更容易理解和掌握。简明教学不仅能够提高学习效率，还能够降低学习难度，让每位学生都能够在有限的时间内取得最好的成绩。

然而，简明并不等于浅薄。我在简明教学的同时，也要充分尊重学生的个性和特点，关注他们的情感和兴趣。我通过耐心的观察和沟通，了解每位学生的需求，根据学生不同的情况调整教学方法和内容。充分学，就是让每个学生都能够得到应有的关注和照顾，让每个学生都能够参与到美术创作中来，发挥出自己的潜力。

老师不仅是知识的传递者，更是学生成长的引导者。通过简明教学和充分学，我不仅帮助学生掌握了美术技巧，还培养了学生的审美能力、创造力和自信心。

二、情景互动——贴近生活、顺应自然的课堂

情景互动是特殊教育美术老师们的独特教学法宝，是老师把学习融入生活的一种智慧。老师通过巧妙设计情境，让学生能够亲身体验和感受美术的魅力。例如，我在教色彩搭配时，带领学生走进花园，观察大自然中色彩的变化和协调，然后引导学生将这些发现运用到自己的绘画中去。通过情景教学，学生不仅能深刻地理解知识，还能将所学应用到实际创作中，获得更多的成就感和满足感。

情景互动不仅丰富了学习内容，更重要的是激发了学生的学习兴趣。有时，部分特殊学生容易对学习产生抵触情绪，但情景教学能打破这种障碍，让学生产生主动学习的动力。我常常利用日常生活中的小事，如蔚蓝的天空、五彩斑斓的水果，将抽象的概念与生活联系起来，引发学生的好奇心和兴趣。学生在愉悦的氛围中学习，会更加主动积极地投入美术创作，释放创造力，获得成就感。

情景互动不仅是课堂上的一种教学方式，更是老师与学生之间情感的桥梁。我常常创造丰富多彩的学习环境，让学生在每个角落都能感受到美术的存在。如：在校园中设置各种美术展示，让学生在欣赏中汲取灵感；在户外举办创作活动，让学生在自然中感受美的力量。情景教学不仅仅是知识的传递，更是一种情感的传递，让学生能够在美术的世界中感受到温暖和关怀。

我以情景教学为手段，将抽象的美术知识融入生活，点亮了学生心中的艺术之光，用心灵的画笔创造了一个温馨而充满创意的学习环境，让每位学生都能在美术的海洋中畅游，找到自己独特的艺术之路。

三、激发兴趣——兴趣是最好的老师

欣赏一幅绚丽的画作，要敏锐地观察，捕捉当中的独特之处。在美术教育这个特殊而充满挑战的领域，我不仅注重传授知识，更着重于激发学生的兴趣，引领学生进行创作。

激发学生兴趣，是老师的重要使命。学生只有对所学产生浓厚兴趣，才能更好地投入学习，获得更好的学习效果。因此，我常常采用丰富多样的教学方法，如情景创设、游戏互动等，使学习变得充满趣味。在美术课堂上，我引导学生通过亲身实践，感受不同材料的质感和特点，激发他们对创作的

好奇心。我以学生喜欢的主题和题材为切入点，引导学生展开创意的想象，让学生在绘画中找到乐趣和成就感。

此外，我还注重发现和引导学生的个人特长。每个学生都是独一无二的个体，拥有不同的兴趣和潜力。我会耐心观察学生，了解他们的兴趣爱好，然后根据学生的特点，量身定制教学内容和方法。比如，如果一个学生喜欢动物，我可以引导他们画出自己心目中的小动物世界；如果一个学生热爱音乐，我可以与音乐教师合作，让学生在音乐中创作出独特的美术作品。通过这种个性化的引导，学生能够更加投入，更加享受美术的乐趣。

我的教学风格独具特色，以简明教学、情景互动和兴趣培养为指导，用爱心和智慧，引导学生在美术的世界中成长，为每个学生点亮创意之火，让他们在美术的世界中找到自信与快乐。

培智学校绘画与手工《西红柿成熟了》教学课例

【教学内容分析】

《西红柿成熟了》属于拓印添画。拓印是我国非遗艺术之一，有着悠久的历史。随着时代的发展，拓印有了更多的技法和形式，拓印添画更是充满了趣味性和生命力。本节课教学内容适用于我校七年级学生，是自编校本教材，设有3个板块；废旧物品拓印、树叶组合拓印和蔬果拓印。《西红柿成熟了》是废旧物品板块的教学内容之一，根据学情、年级段等特点，结合学校主题《美食节》进行调整而成，旨在落实国家课程标准中"造型与表现"学习领域的"能使用各种废旧物品等材料和工具进行制作"；"设计与应用"学习领域的"能根据物体特征，从形状、色彩、用途等方面，进行简单交流"；"欣赏与评述"学习领域的"发现日常生活用品的造型、材质、颜色等特点，并进行描述"以及"综合与探索"学习领域的"关注学校、社区环境，感受绘画与手工在生活中的应用"的课程目标。

《西红柿成熟了》的教学内容贴近生活，西红柿是学生熟悉的蔬菜。在教学时，以"变魔术"和"做小实验"的方式，提高学生学习兴趣和加强学生色彩认知能力，知道红色和绿色是对比色；通过自编制作歌谣、教师示范和学生演示，帮助学生加强记忆，提高学习效率，帮助学生掌握三大印法：按提法、按划法、点划法和拓印西红柿的三大制作步骤：①瓶盖蘸红色，印西红柿。②牙刷柄蘸绿色，印果蒂。③棉签蘸白色，点高光。使学生能用洗衣液瓶盖和处理过的牙刷柄，沾颜料拓印西红柿，从刚开始的"试误法"合作体验到"无章法"的简单创作，培养学生的自主学习能力。让学生树立环保意识，引导学生善于发现生活中的美。

教学功能在于：(1)贯彻落实培智学校义务教育阶段的国家课程标准，体现课改提出的目标导向的教学理念，指导学生初步掌握用各种工具和材料完成作品的制作，具有基本的视觉感知能力和绘画与手工制作能力。(2)注重学生的参与和动手操作，根据学生的能力水平和身心特点创设条件，促使每一位学生能参与教学活动，让学生在实践中学习制作技能，从中体验美、表现美和提高审美能力。(3)根据培智学校学生的特殊需要，让学生通过感知、体验、参与等多种方式进行学习，帮助学生形成积极、友善、合作、分享等品质。(4)重视学生的积极情感体验，引导学生积极参与活动，体验学习的快乐与满足，调整情绪，尝试表现个性与创意，自由表达情感。

【学情分析】

本课的授课对象为培智七年级学生，共8人，年龄在14—18岁，其中智力障碍生4人(珍、滔、敏、晖)、自闭症生1人(聪)、言语障碍生2人(俊、雄)和脑性麻痹生1人(伟)。综合学生个性特点、精细动作、认知沟通、课堂主动性以及支持策略，为了实现学生的优势互补，便于学生相互学习、相互帮助，我使用异质分组法将学生分成A、B、C三组。

A组学生有伟、晖、敏。

伟：男，脑性麻痹症。按、划能力一般，可以独立完成简单创作任务。认知、理解能力：了解拓印画的特征，能分辨身边常见物品的颜色。课堂主动性：情绪稳定，注意力比较集中。支持策略：语言激励。

晖：男，智力障碍。按、划能力较差，在老师协助下能完成简单创作任务。认知、理解能力：在老师提示下能分辨两种常见颜色。课堂主动性：情绪比较稳定，注意力容易分散。支持策略：语言提示和简短指令。

敏：女，智力障碍。按、划能力一般，在老师提示下可以完成简单创作任务。认知、理解能力：在老师提示下了解拓印画的特征，能分辨三种常见颜色。课堂主动性：情绪比较稳定，注意力容易分散。支持策略：语言提示。

B组学生有珍、俊、滔。

珍：女，智力障碍。按、划能力一般，在老师提示下可以完成简单创作任务。认知、理解能力：在老师提示下了解拓印画的特征，能分辨五种常见颜色。课堂主动性：情绪比较稳定，注意力容易分散。支持策略：语言提示。

俊：男，语言障碍。按、划能力差，在老师协助下能完成简单创作任务。认知、理解能力：在老师指导下能分辨两种常见颜色。课堂主动性：情绪比较稳定，注意力容易分散。支持策略：图片沟通和肢体语言。

滔：男，智力障碍。按、划能力一般，在老师提示下可以完成简单创作任务。认知、理解能力：在老师提示下了解拓印画的特征，能分辨四种常见颜色。

课堂主动性:情绪比较稳定,注意力容易分散。支持策略:语言激励和语言提示。

C组学生有聪、雄。

聪:男,自闭症。按、划能力好,可以独立完成简单创作任务。认知、理解能力:了解拓印画的特征,能分辨身边常见物品的颜色。课堂主动性:情绪不稳定,注意力容易分散。支持策略:语言提示和简短指令。

雄:男,语言障碍。按、划能力差,在老师协助下能完成简单创作任务。认知、理解能力:在老师指导下能分辨两种常见颜色。课堂主动性:情绪比较稳定,注意力容易分散。支持策略:图片沟通和肢体语言。

【教学目标】

课程目标:

造型与表现:

1. 能使用废旧瓶盖围绕主题进行拓印画制作。
2. 能使用废旧瓶盖和牙刷柄围绕主题进行拓印画制作。
3. 能使用废旧瓶盖、牙刷柄和棉签围绕主题进行拓印画制作。
4. 能使用废旧瓶盖、矿泉水瓶盖和棉签围绕主题进行拓印画制作。
5. 能爱护制作时使用的辅助工具。

设计与应用:

1. 根据生活物品的特征,从形状方面与老师进行简单的交流。
2. 根据生活物品的特征,从色彩方面与老师进行简单的交流。
3. 根据生活物品的特征,从用途方面与老师进行简单的交流。

欣赏与评述:

1. 发现日常生活用品的造型特点,并进行描述。
2. 发现日常生活用品的颜色特点,并进行描述。

综合与探索:

1. 能发现校园内的绘画与手工作品。
2. 能说出校园内绘画与手工作品的应用。

单元目标:

1. 了解拓印艺术及各种拓印物品的特征及形式,掌握拓印的基本技法。
2. 能用洗衣液瓶盖在长方形、圆形篮子里,用单色进行随意拓印画制作。
3. 能用牙刷柄在长方形、圆形篮子里,用双色进行随意拓印画《香脆薯条》,能从形状方面与老师进行简单的交流。

4.能用洗衣液瓶盖和牙刷柄在白描稿里,用三原色进行简单拓印画《三色糯米饭》。

5.能用洗衣液瓶盖在白描稿里,用对比色拓印《好吃的彩椒》。

6.能用牙刷柄通过步骤图的提示,用多种颜色拓印《彩色薯粉粒》。

7.能用洗衣液瓶盖、牙刷柄和棉签拓印《西红柿成熟了》。

8.能用洗衣液瓶盖、矿泉水瓶盖和棉签拓印《彩色钵仔糕》,能从色彩方面与老师进行简单的交流。

9.知道环保的重要性,树立环保意识,提高审美能力。

10.能参与拓印活动,体验用废旧物品进行拓印的乐趣。

周目标:

1.能了解拓印艺术的特征及形式,掌握拓印的基本技法。

2.能用牙刷柄通过步骤图的提示,用多种颜色拓印《彩色薯粉粒》。

3.能用洗衣液瓶盖、牙刷柄和棉签拓印《西红柿成熟了》。

4.知道环保的重要性,树立环保意识,提高审美能力。

5.能参与拓印活动,体验用废旧物品进行拓印的乐趣。

课时目标:

1.能用洗衣液瓶盖、牙刷柄和棉签拓印《西红柿成熟了》。

2.能通过拓印步骤图的提示,完成西红柿拓印。

3.能参与拓印活动,体验用废旧物品进行拓印的乐趣。

个性目标:

伟:1+2+3。(“个性目标”里的数字表示“课时目标”的相关条目,后同。)

晖:2+3(语言提示)。

敏:2+3(语言提示)。

珍:1+2+3。

俊:3(肢体协助+辅具海绵棒完成)。

滔:2+3(语言提示)。

聪:1+2+3。

雄:3(肢体协助+辅具海绵棒完成)。

【教学重难点】

重点:认识红色和绿色是对比色,用3个步骤拓印西红柿。

难点:对“对比色”的理解,用牙刷柄“按、划”的手法拓印西红柿的果蒂。

解决措施:

1.通过小实验、自编歌谣、示范教学、步骤分解图和多媒体展示进行解决。

2.通过多媒体演示法和选择用处理过的牙刷柄拓印进行解决。

3.通过主教、助教分工合作，有效开展协同教学。

4.运用代币提高学生关注课堂的能力，调动学生学习积极性。

【教学方法】

教法：情境教学法、任务设置法、演示法。

学法：自主探究、小组合作、思考讨论。

【教学环境与教学资源】

课件；方形、圆形画纸；红、绿、白色颜料；洗衣液瓶盖；牙刷柄；棉签；海绵棒；调色盘；抹布；小水桶；画笔。

【教学过程】

一、教学导入(3分钟)

1.组织教学。

2.师：今天老师从家里带来了这些废旧物品，我能用这些废旧物品变魔术，变出一幅漂亮的作品。你们信不信?

教师现场制作西红柿图，指着西红柿图问：变出了什么？漂不漂亮？那这节课我们一起来学习制作成熟的西红柿。

3.引出课题《西红柿成熟了》。同学们齐读题目。

【设计意图】(1)现场制作，提高学习兴趣。(2)讨论、谈感受、朗读，激发学生口语表达潜能。

二、讲授新知(15分钟)

第一环节：

1.复习：①看实物说形状、颜色和结构；②红色和绿色是对比色。

2.介绍制作材料(引入环保教育，知道废旧物品可以再次利用)。

【设计意图】(1)知道废旧物品可以制作美丽作品，我们要认真观察，善于发现美，去创造美。(2)体现环保教育内容，增强学生环保意识。

第二环节：

1.教师示范，学生练习+演示。

印法：①按提法；②按划法；③点划法。

一起跟唱自编印法歌谣，活跃学习气氛。

2.制作步骤。

教师示范，学生练习+学生代表演示。

①瓶盖蘸红色，印西红柿。（按提法）

②牙刷柄蘸绿色，印果蒂。（按划法）

③棉签蘸白色，点高光。（点划法）

一起跟唱自编制作步骤歌谣，帮助记忆。

合作体验，运用“试误法”体验与探究。

【设计意图】（1）印法、步骤教学法和制作步骤歌谣，活跃学习气氛，帮助学生记忆。（2）运用“试误法”让学生去体验印西红柿的制作过程，以获得对印西红柿的制作认知，提高学生学习的主动性。（3）小组交流，激发学生的口语表达能力，提高学生的交际能力。

第三环节：

1.播放印西红柿的制作视频，巩固所学。

2.提醒注意事项。

【设计意图】让学生更加直观地掌握知识点。

三、分组练习（10分钟）

学生选择材料，异质分组完成任务（方形、圆形画纸；颜色和大小不同的瓶盖；大小和长短不同的牙刷柄）。学生自主选择，在轻音乐中进行作业练习。

1.洗衣液瓶盖蘸红色颜料印西红柿。（按提法）

（伟、珍）在画纸上独立完成任务。

（滔、敏、聪）在师/生提醒下完成任务。

（晖、俊、雄）在师/生的帮助下完成任务。

2.牙刷柄蘸绿色颜料印果蒂。（按划法）

（伟、珍）在西红柿里面不同位置印果蒂。

（滔、敏、聪）在师/生提醒下完成任务。

（晖、俊、雄）在师/生的帮助下完成任务。

3.棉签蘸白色颜料点出高光。（点划法）

（伟、珍）在西红柿里面点出高光。

（滔、敏、聪）在师/生提醒下点出高光。

（晖、俊、雄）在师/生帮助下点出高光。

学生用拓印的方法印西红柿，掌握洗衣液瓶盖、牙刷柄和棉签印西红柿的方法，引导学生初步尝试“无章法”的创作。

【设计意图】（1）注重学生个性化发展，教会学生尝试修整画面疏密、大小的关系等，使画面更加丰富。(2)分组练习，有助于学生达成学习目标。(3)从“试误法”合作体验到“无章法”的简单创作，培养学生的自主学习能力。

四、欣赏评价(5分钟)

1.展示学生作品。

2.组织互评。

3.教师点评、总结。

(一起跟唱自编制作步骤歌谣，总结所学知识，活跃学习气氛。)

【设计意图】(1)互评能反馈出学生美术能力，能有效地丰富学生的语言，激发学生言语的潜能。(2)对学生探究过程、作品效果提出赞许，让学生体会成功的喜悦。

五、拓展迁移(2分钟)

洗衣液瓶盖圆圆的，牙刷柄长长的，除了可以印西红柿，还可以印出什么？(学生思考，回答问题)

把你想到的物体，用拓印的形式制作出来，送给爸爸妈妈。

(伟、珍)独立完成一幅拓印作品。

(滔、敏、聪)在爸妈的提示下完成一幅拓印作品。

(晖、俊、雄)在爸妈的帮助下完成一幅拓印作品。

最后，老师再次变“魔术”，把西红柿引回家，融入生活。

【设计意图】把知识点进行延伸运用，融入生活，让学生用心去发现生活中的美，尝试创造美。

六、板书设计

西红柿成熟了

制作步骤	印　法
①瓶盖蘸红色，印西红柿。	(按提法)
②牙刷柄蘸绿色，印果蒂。	(按划法)
③棉签蘸白色，点高光。	(点划法)

【教学评价】

伟：1(√)+2(√)+3(√)。(“教学评价”里的数字表示“课时目标”的相关条目，后同。)

晖：1(√)+2(√)+3(√)。

敏：1(√)+2(√)+3(√)。

珍：1(√)+2(√)+3(√)。

俊：1(√)+2(×)+3(√)。

滔：1(√)+2(√)+3(√)。

聪：1(√)+2(√)+3(√)。

雄：1(√)+2(×)+3(√)。

【教学反思】

《西红柿成熟了》是根据我校培智学生特点和结合学校主题“美食节”内容而设计的，属于国家新课标第三学段“造型·表现”学习领域的内容，也属于我校自编教材废旧物品拓印板块的学习内容之一。本课通过学习用洗衣液瓶盖和处理过的牙刷柄，蘸红、绿对比色拓印西红柿，激发学生拓印艺术兴趣，提高学生动手操作能力，树立学生环保意识，让学生亲近、热爱大自然，学会发现生活中的美，从而提高生活品质。

亮点：

1.善于激发学生兴趣。

第一，教师用“变魔术”，前后呼应，激发学生学习的兴趣。开头“变魔术”实际是老师现场作画，第一时间吸引住学生眼球，让学生快速进入学习状态。结尾的“变魔术”，实际是引导学生把知识融入生活，引导学生要善于发现生活中的美，去创造美。

第二，现场演示“蓝+黄”变成“绿”，增加课堂趣味性。蓝色颜料水和黄色颜料水倒在一起，就变成了绿色。这个有趣的小游戏实际上是运用了美术中的色彩知识。我们在游戏中帮助学生巩固色彩认知能力，学习常用色彩调配知识，体验实践，增强学生的学习趣味。

第三，自编制作歌谣步骤，活跃课堂氛围。歌谣一直受到学生的欢迎。本课我自编歌谣的内容是：学习拓印西红柿的三大印法和三大制作步骤。意图是：活跃课堂学习氛围，从中体验学习的快乐；便于培智生加强记忆，巩固新知，提高学习效率；提高培智生的语言表达能力，增强口语表达的自信；培养培智生积极乐观的生活态度。

2.落实课程价值理念。

第一，以生活品质为导向的理念。本课程的基本理念是尊重学生个体差异，关注学生生活休闲需求，重视学生的参与与体验，提高学生的生活品质。

第二，个别化教育理念。尊重不同学生的学习起点；允许学生有不同的学习速度；个别化教育计划，一人一案；有个别化支持策略。

3.有教学机智。

第一，学习内容由易到难。在学习拓印西红柿的过程中，先学三大印法，再学三大制作步骤，旨在教授由易到难的制作方式，学生容易接受。

第二，学生按喜好自主选择材料。在选择材料方面，注重学生个性化发展，洗衣液瓶盖有透明的、有黑色的、有白色的、有绿色的，处理过的牙刷柄也是各种颜色的，画纸有圆形的、有方形的，同学们按自己的喜好选择材料进行制作。

第三，保护学生知识的生长点。在练习用棉签蘸白色颜料点高光这个环节，我让个别同学上讲台演示，其中有位同学点的高光不在西红柿果体里面，而是点到西红柿外的白纸上。艺术没有对错之分，我点评作品的时候，引导同学们思考：为什么这个西红柿只看到高光，没有看到西红柿？原来是光线太强烈了，所以看不到果体，只看到高光。哪位同学上来帮忙把果体补充上去？然后学生再次制作，达到环节训练的目的。关注学生在课堂中的每一点表现，保护学生的想法，并能从学生的角度不断调整教师的教学行为，找到一种新的教学生长点，这是一种双赢的教学方法。

不足与反思：

1. 自制歌谣的视频画面有点小。视频画面放大点，效果会更好。信息技术一直是我的短板，以后要多学习改进。

2. 分组练习环节，我采用的方法是异质分组形式，让程度好的学生带动程度较差的学生。分组练习就是为了让学生互动，互相帮助，在教学过程中，若让各组学生共同完成一幅大的作品，效果会更好。

3. 学生作品展示时，磁铁没有准备好，用透明胶贴比较费时间。课前准备工作没做好。

4. 评价自评环节，学生发言不积极。学生习惯了教师评价，教师缺少必要的教学机智，这是我以后要克服和改进的。

章晋弥　慢一点，再慢一点

章晋弥

四川成都人，1994年生。2015年毕业于南京特殊教育师范学院，2019年本科毕业于东北师范大学。现执教于广东省阳西县特殊教育学校，特殊教育二级教师。担任低年级段生活语文、生活适应、康复训练学科课程。自参加工作以来，主持或参与市级、县级课题研究，并将课题成果运用于学校教育教学工作中，取得了良好的教学效果。参与两项省级精品课程建设项目。她的课例被列入阳江市特殊教育优质课堂。曾获阳江市第二届中小学青年教师教学能力大赛二等奖。

成长不能急

一、从教内容到教学生

2015年夏，我从南京特殊教育师范学院毕业，来到阳西县特殊教育学校，成为阳西县特殊教育学校的第一批特殊教育专业教师。这一年，我们迎来了阳西县特殊教育学校的第一批学生，也是我的第一批学生。毫不夸张地说，我像是被拿刀架在脖子上逼上讲台的，对着PPT念了30分钟，“尴尬的脚趾在地上扣出了三室一厅”。

慢慢地，我开始适应了身份的转变，有了“老师样”。那时，培智学校义务教育课程标准还没有公布，我教学内容是“东一榔头，西一棒槌”，想到哪儿教到哪儿，教学模式固定。每一节课，几乎是大学试讲的重演；一学期结束，我似乎不知道学生学了什么，我似乎不知道自己教了什么。这种无力感和挫败感让我直想打退堂鼓。那个时候，我特别怕校长介绍我是南京特殊教育师范学院招聘来的特殊教育专业教师，我觉得，就我这样的老师，简直就是给母校丢人。

后来，我们的培训机会多了，我走出了学校，到其他学校学习，这让我眼界大开。我看到了教师和学生亲密无间的互动，看到了教师周密的教学计划、科学的评估档案。我好像开始明白了：哦，特殊教育原来是这样的。通过跟岗学习，各种培训、参观、研修，我觉得我开始入门了。通过对专业书的阅读，通过对其他学校教师的请教，我慢慢“摸着石头过河”。随着培智学校义务教育课程标准的公开发布，我的教学有了纲领性的指导。我开始学着做计划，每一节课尽量上得生动有趣。

直到有一次公开课，专家老师问我：你的教学目标很清晰明确，设置也很合理，教学内容也扣住了目标。但是，你的学生真正学会了吗？你握着学生的手写字，放开他的手，他还能写吗？我突然意识到：我好像教的是书，而不是人。我把教学的重点放在了目标上、教材上，唯独忽略了最重要的对象——学生。这解答了困扰我已久的问题：为什么一个班里，教师累死累活教了一学期，仍然是会的不教都会、不会的教了还是不会？

此后，我开始学着做前测，测试学生学习之前的初始能力点，找到学生的兴趣点，抓住学生学习的难点，让教学的过程变得顺利、自然、和谐。

有一次，我在教学词语“桌子”的时候，运用图片和实物，帮助孩子们认识“桌子”这个词语。但是学生的学习效果仍旧不理想。课后我在办公室冥思苦想而不得解。学校电工大哥过来修理办公桌，问了我一句：“哪张柜台坏了？”（当地人将“桌子”说成“柜台”。）我醍醐灌顶：学生平时从不说“桌子”，所以他们被我的教学“搞懵了”。后来我改用本地方言教学，学习效果有了质的提升，而且我也对学生进行了引导：“柜台”的普通话就相当于“桌子”，慢慢地，孩子们都学会了这个词语。这件事教会我：备课不仅要备教学内容，更要备学生。从学生的生活经验出发，慢慢引导，为孩子们的学习提供合适的支架，学生在学习的时候就很容易获得成就感。通过慢慢地积累，学生在课堂上更加自信，语言能力慢慢得到了提升。

现在很多家长跟我反映：我上课的很多内容，学生回家能记得住，能学得会。能力较好的学生，在我出差的时候，会问其他老师，我什么时候回去上课。有些学生很喜欢我的课堂，我觉得这比任何奖励和赞美更让我开心。当然，我也从简单内容的教学开始，形成了自己的教学风格，在工作中获得了一些奖项，我开始接触和参与教育教学研究，撰写一些论文，获得了一些成果。在专业教师成长之路上，我往前跨了一大步，但是离一名专家型教师还差得很远。这段路很长，但是慢慢走，踏实地走，一定会离目标越来越近。

二、相信“相信”的力量

“孩子不捣乱就好了，我不指望他能学会啥。”这是我在培智生家长嘴里听到最多的话。培智生听到的鼓励的话远远少于普通孩子，而且不断被输入：你不行的，放弃吧，管好你自己先……全都是令人丧气的负面信息。

特殊孩子特别需要“相信”：这是我教学中感触最深的。老师随口一夸“你真棒”，孩子们可以开心好久。老师随口说一句“加油”，学生会用尽全部力量。也许，他们真的付出了全部努力也无法赶上正常孩子的千万分之一，但是他们也有自己的成功。我一直相信："相信"是有力量的。

我任教的学校是一所县级小学校，专业教师比较少，我任教的科目比较多，当我在上生活语文课的时候，我教学生背古诗《咏鹅》。一位家长说："老师，要不你别教这个了，他们学不会的，学会了也不知道是什么意思。"

我思考：培智生读古诗，到底有没有意义？我问过一个能力比较好的孩子："你想学古诗吗？"这个孩子拿出了一本妹妹的小学语文书，跟我说"想"。在那一瞬间，我就觉得也许孩子们真的能学会，而且，我能感受到他们的敏感与不自信。我还是继续教了这首古诗。多年后的一节生活适应公开课上，老师出示了一张鹅在水里的图片，问学生："你们看到了什么？"有两三个学生脱口而出："鹅鹅鹅，曲项向天歌。白毛浮绿水，红掌拨清波。"他们读得可能并不是那么清晰、完整，但是，这对孩子语言能力的发展有重要意义。

这样的例子有很多。

如相信孩子可以学会存钱和分享。在我们班"代币制"建立后，我们引入了"存"这个概念，孩子可以通过存代币，换取奖励。实施前，在讨论的时候，老师们还在担心：学生会不会用积攒的代币全部兑换平板电脑游戏时间？但是不久之后，一个孩子给了我们一个大大的惊喜：这个孩子攒了差不多一个月的代币，兑换了妈妈喜欢的饼干，在生日的时候送给妈妈。通过其他课程的教学，学生有了分享的意识，但是缺少可以分享的东西，代币的积累就提供了这个素材。

还有，当时我和几位年轻教师讨论，向学校申请洗车兴趣小组课程，当时一部分教师觉得学生并不具备这种劳动能力，不敢将自己的车给学生洗。但是我和几个同事相信这个小组的孩子能学会、能做到，并且用自己的车作为实物来进行教学，鼓励学生慢慢来，相信他们，做他们坚强的后盾。我们除了注重教学生洗车的技能，还注意强调安全意识和保护汽车车漆的意识，在教学过程中，不断强调：不急不躁，做事细致。以工作流程的形式进行教学，教会学生使用流程卡，避免学生遗漏有关步骤。现在，我的车在洗车小组已经排不上队了，甚至有家长问老师，能不能开车过来帮忙洗一下。

在教学中，我坚信"相信"是有力量的。我相信在科学的引导下，孩子们可以做到一些曾经大多数人认为他们做不到的事。每个人都有自己独特的认知方式，特殊孩子也有；每个人都有待开发的潜力，特殊孩子也有。我认为，真正的教育，除了教会学生知识、技能，还要教会他们自尊、自信，教他们努力学习、勇敢表达。相信特殊孩子能用特殊的方式，创造出属于他们自己的“奇迹”，每位特殊孩子都有自己人生出彩的机会。

相信“相信”的力量，给予孩子足够的信任，孩子反馈给我们的，也许就是那个“奇迹”。

不着急，慢慢教

特殊教育中培智教育的主要教育对象为患有智力障碍、孤独症、脑瘫、多重障碍等的特殊孩子。与正常孩子相比，他们的认知能力、理解能力、注意力、记忆力都明显落后。部分孩子还存在感知觉的障碍或感觉统合问题。一个班级中的孩子都存在着较大的个体差异。这对教师的教，就提出了更高的要求：教学要遵循小步子多循环的原则。

所谓小步子，就是指教学的进度要慢，步子要小，教学目标小而精。但是如何在有限的时间内将目标达成，并且将课堂变得生动有趣，抓住孩子们的兴趣点呢？

我是一个急性子的人，却是一个慢性子的老师。特殊孩子的学习过程会比普通孩子慢太多。所以，教学节奏要随之慢下来，再慢下来。曾经，有一篇文章说过，特殊教育是“牵着蜗牛散步”。作为牵着“蜗牛”的人，我们的脚步需要随着“小蜗牛们”慢一点，再慢一点。

“慢慢教”并不是一味放慢教学的速度，随之放缓的还有教师的教学语速、教学动作等。在我刚开始工作的时候，作为一个“川妹子”，我说话的语速较快，在教学中，我发现，一句话常常需要重复三四遍学生才会理解。有一次，一个孤独症学生因为我说话太快，我重复了好几遍，还是不能理解我的指令，他崩溃大哭。我从那时起逐渐意识到：我的语速太快了。我开始有意识地放慢语速。我发现，“慢慢说”以后，课堂的气氛更加和谐了，更加活跃了，课堂教学效果也得到了提高。

“慢慢教”还意味着在“教不会”的时候，教师要保持情绪稳定，科学分析原因，寻找解决策略。在我还是一名新教师的时候，一个我认为简单的目标而学生始终学不会时，学生急，我更急，我甚至产生一种“永远教不会的挫败感”。记得在一次培智生生活语文课的教学中，一个认知能力不错的孩子，一直不愿意用铅笔和本子写字，他用手书空和用电子白板写都正确，但是一拿到铅笔，手就是松松地握着，写字的时候在纸上随便轻轻画几下。我教了一学期，这个孩子还是不能正确握笔。当时我心急如焚，不断增加孩子练习的时间。直到很偶然的一次，这个孩子站在我旁边，我在用铅笔写字，然后他很排斥地捂住耳朵，这时候我猜想：他是不是不喜欢铅笔摩擦纸张的声音？于是我更换了圆珠笔和顺滑的纸张给他使用，他很快便学会了握笔。所以，在“教不会”的时候，教师首先应该保持情绪的稳定，去分析教不会的原因，找到问题所在，然后有针对性地去解决。

一、顺其自然

建构主义者认为，学习不是由教师把知识简单地传递给学生，而是由学生自己建构知识。学生主动建构知识的意义重大，这种建构无法由他人来代替。特殊儿童虽然存在某方面或某几方面的缺陷，但他们仍然是儿童，首先要遵循儿童学习的基本规律。而儿童的学习不仅仅存在于课堂教学中，还存在于生活中、交往中、互动中。

如在《学削土豆皮》一课中，我让学生分成不同的小组，想办法去掉土豆的外皮。学生通过实际操作和尝试，有的用削皮刀，有的通过煮熟土豆撕皮，有的用菜刀切，有一个学生甚至选择了用钢丝球摩擦去皮的方式。在讨论和尝试的过程中，学生都能成功地去掉土豆外皮，正是在讨论和尝试（不管是成功或者失败）的过程中，学习自然而然地发生了。通过3个课时的学习，班上12名学生，全部学会了至少用1种方法去除土豆皮。还有5名学生学会了2种以上的方法去除土豆皮。学习除了存在于成功的经验里，也存在于“试误”当中。适当地让学生做出尝试，而不是直接给出正确答案，让学生通过动手操作，试着自己思考得出的答案更容易被学生掌握，并应用到生活中去。

所谓“顺其自然”，并不意味着“放任自流”，而是教师应当清楚地了解学生的能力水平、兴趣爱好等，在教学设计的基础上，根据学生的学习情况，灵活调整教学进度。可以创新运用“支架式教学法”，为学生的学习提供“脚手架”，激发学生主动学习的动机，引导学生“主动学”。

培智生容易在日常的家庭生活中产生失败、无助、自卑等负面情绪，因此他们更需要鼓励和尊重。“顺其自然”就是要肯定学生为学习知识做出的尝试和努力，并且教师根据其认知行为特点、兴趣爱好等，提供恰当的支持，尊重学生的想法，用轻松日常的语言，鼓励学生大胆尝试，主动学习。这样的课堂会让学生产生被老师认可和尊重的感觉，课堂氛围轻松、和谐、愉快。

二、合理引导

学生是学习的主体，具有主观能动性。培智生虽然已有的经验可能比较少，但是学生不是空着脑袋进教室的，教师不能忽视学生的已有经验，应当将学生原有的知识经验作为生长点，引导学生从原有的知识经验中，生长新的知识经验。这就需要教师创设合理的情镜，并给予孩子合理的引导。如在《学削土豆皮》这一课中，孩子们对土豆要不要削了皮再烹饪发表意见后，我给学生尝试了带皮和不带皮的两种土豆，让学生自己感受，土豆需要削了皮再烹饪。

培智课堂里，通常学生的个体差异比较大，对于精细动作能力较差的学生，要求其掌握比较安全且方便的方法即可，但是对于能力较好的孩子，可以适当进行延伸。如：用刀切土豆皮，虽然很快，但是切下来皮很厚，这样太浪费啦。在教会学生技能的同时，让学生形成节约的意识。

教师在尊重学生的基础上，尝试理解孩子内心的想法，用孩子的思维去思考，并有目的、有计划地进行引导，鼓励孩子大胆尝试，引导孩子积极思考，潜移默化中让学生在课堂呈现积极且自信的状态，师生互动自然而和谐，就可以形成一个生动而有意思的课堂。

培智学校生活语文《我是小小运动员——填写报名表》教学课例

【教学内容分析】

本课选用校本教材，学习内容为填写常用表格。根据学校主题教学内容“运动会”，结合《培智学校义务教育生活语文课程标准》(2016年版)的课程目标，选择课程内容为《我是小小运动员——填写报名表》。“运动会报名表”的相关资料选自本校运动会学生填写上报的报名表，是真实材料，教师根据学生能力做出了适当简化。需要学生填写姓名、性别、年龄、班级等基本信息，粘贴照片并勾选参赛项目。

本节课教学内容适用于我校六年级学生，结合目标，根据学情、年级段及本校运动会实际开展情况进行教学，旨在落实国家课程标准“识字与写字”中，能书写(描写或抄写)日常生活中常用词语；“阅读”中，能阅读一段话获取简单信息的目标。

教学内容的功能在于：(1)贯彻落实培智义务教育的国家课程标准，体现课程目标导向的教学理念，彰显生活社会语文课程的生活性、工具性；(2)以学生生活为基础，围绕学生的学校生活，根据学校活动安排，适时调整教学内容，体现课改提出的以生为本的精神、理念；(3)关注学生的生活实际，通过填写表格的学习，提高学生的社会适应能力，帮助学生掌握融入社会的一项实用技能；(4)注重语文知识与实际生活的联系，注重现实生活需求和社会发展的需要；(5)养成良好的礼仪习惯，为学生高中阶段了解家庭生活、关心家人、享受家庭生活等奠定基础。

【学情分析】

张某敏：

1.与本课相关的先备知识技能。

(1)知道且能够书写“运动会报名表”报名信息，如姓名、年龄等。

(2)认识跑步、拔河、投沙包、平衡车等词语。

(3)参与过校园运动会，具备相关直接经验。

2.认知与沟通。

(1)认知方面：能力较好，认识生活中常见的汉字，能理解生活中常用的句子和简单问句；观察力强，记忆力较好。

(2)沟通方面：语言表达方面，能在合适的情境下进行恰当的简单回应；能主动与人沟通，能运用眼神、手势等动作进行沟通；存在构音不清晰的问题。

3.课堂主动性：能遵循课堂规则，积极主动参与课堂活动。

4.其他(特殊情况)：脑瘫，手部活动受限。

5.支持策略：放大书写位置。

江某玲：

1.与本课相关的先备知识技能。

(1)能够认识和书写“运动会报名表”报名信息，如姓名、年龄等。

(2)认识跑步、拔河、投沙包、平衡车等词语

2.认知与沟通。

(1)认知方面：能力较好，认识生活中大部分常见的汉字，能理解生活中常用的句子和简单问句；观察力强，记忆力较好。

(2)沟通方面：一般情况下可以正常沟通交流。构音清晰，但个别词语会受到方言干扰

3.课堂主动性：能遵循课堂规则，积极主动参与课堂活动。

4.其他(特殊情况)：喜欢游戏、视频、同伴竞争，对代币、强化物奖励需求大。

5.支持策略：语言提示。

吴某劲：

1.与本课相关的先备知识技能。

(1)能够认识和书写“运动会报名表”报名信息，如姓名、年龄等。

(2)认识跑步、拔河、投沙包、平衡车等词语。

(3)参与过校园运动会，具备相关直接经验。

2.认知与沟通。

(1)认知方面：能力较好，认识生活中常见的汉字，识字量大约为1000字，能理解生活中常用的句子和简单问句。

(2)沟通方面:能在合适的情境下利用短句进行恰当的简单回应;能主动与人沟通,能运用眼神、手势等动作进行沟通;存在构音不清的问题,语速比较慢。

3.课堂主动性:能遵循课堂规则,主动参与课堂活动。

4.其他(特殊情况):脑瘫,手部活动受限;性格内向胆小,说话声音小。

5.支持策略:放大书写区。

陈某林:

1.与本课相关的先备知识技能。

(1)能够认识和抄写"运动会报名表"报名信息,如姓名、年龄等。

(2)认识跑步、拔河、投沙包、平衡车等词语。

(3)参与过校园运动会,具备相关直接经验。

2.认知与沟通。

(1)认知方面:能力较好,能理解生活中简单的句子和简单问句;能够认识和书写150个左右常用汉字。能够认识大部分生活中常用汉字,并可以进行抄写。

(2)沟通方面:能在合适的情境下进行恰当的回应;能主动与人沟通,能说较长的句子,但语序会出现错误;构音清晰,但易受方言影响。

3.课堂主动性:能遵循课堂规则,积极主动参与课堂活动。但情绪激动时容易打断老师说话。

4.其他(特殊情况):喜欢操作类希沃白板游戏,对代币、强化物奖励需求大。

5.支持策略:语言提示;图片提示;方言支持。

陈某存:

1.与本课相关的先备知识技能。

(1)能够认识和抄写"运动会报名表"报名信息,如姓名、年龄等。

(2)认识跑步、拔河、投沙包、平衡车等词语。

(3)参与过校园运动会,具备相关直接经验。

2.认知与沟通:

(1)认知方面:能力较好,能认识生活中常见的汉字,能理解生活中常用的句子和简单问句。

(2)沟通方面,能在合适的情境下利用短句进行恰当的简单回应;能与人沟通,但词汇量较少,缺乏对话式沟通和眼神交流;沟通时,普通话沟通较差,利用方言可以进行正常简单的沟通。

3.课堂主动性：能遵循课堂规则，但是课堂活动参与度不足，需要教师进行正面激励。

4.其他（特殊情况）：比较害羞，说话声音小。一些词语或句子需要用本地方言解释才能理解。

5.支持策略：语言提示；图片提示；方言支持。

姚某圣：

1.与本课相关的先备知识技能。

（1）能够认识和抄写“运动会报名表”报名信息，如姓名、年龄等。

（2）认识跑步、拔河、投沙包、平衡车等词语。

（3）参与过校园运动会，具备相关直接经验。

2.认知与沟通。

（1）认知方面：能力较好，能认识生活中常见的汉字约100个；但注意力容易涣散，观察力较差。

（2）沟通方面：能在合适的情境下利用短句进行恰当的简单回应；能与人沟通，但缺乏对话式沟通和眼神交流；存在鹦鹉学舌和长句表达需要提醒的问题。

3.课堂主动性：能在提示下遵循课堂规则，参与课堂活动。

4.其他（特殊情况）：遇到不熟悉的人，容易害羞，课堂参与的积极性易受到影响。

5.支持策略：视觉提示；语言提示。

黄某瑶：

1.与本课相关的先备知识技能。

（1）能够认识和盲文点字书写“运动会报名表”报名信息，如姓名、年龄等。

（2）认识跑步、拔河、投沙包、平衡车等盲文点字。

（3）参与过校园运动会，具备相关直接经验。

2.认知与沟通：

（1）认知方面：智力正常，但入学较晚，所以认知相对普通同龄学生落后，会书写、摸读简单的盲文点字。

（2）沟通方面：能够正常用语言沟通，但是对于一些比较形象的词语理解存在困难。

3.课堂主动性：能在遵循课堂规则，参与课堂活动。

4.其他(特殊情况):该生为视力残疾学生。

5.支持策略:盲文点字;行走支持(言语提示、肢体辅助)。

王某炼:

1.与本课相关的先备知识技能。

(1)能够认识和抄写“运动会报名表”报名信息,如姓名、年龄等。

(2)认识跑步、拔河、投沙包、平衡车等词语。

2.认知与沟通。

(1)认知方面:能力一般,注意力容易涣散;能理解生活中常用的句子和简单问句。

(2)沟通方面:能在合适的情境下利用短语进行恰当的简单回应;但主动沟通的意愿较低,词汇量较少,缺乏对话式沟通和眼神交流。

3.课堂主动性:能在语言提示下遵循课堂规则,参与课堂活动。

4.其他(特殊情况):该生上两次运动会请假,没有直接参与,缺乏直接经验。

5.支持策略:语言提示;图片提示。

洪某仙:

1.与本课相关的先备知识技能。

(1)能够跟读“运动会报名表”报名信息,如姓名、年龄等。

(2)认识跑步、拔河、投沙包、平衡车等词语,能指出相应图片。

(3)参与过校园运动会,具备相关直接经验。

2.认知与沟通。

(1)认知方面:能力较差,注意力不集中,观察能力差。

(2)沟通方面:主动性低;能在提示下做出相应的回应;存在鹦鹉学舌、短句表达需要提醒的问题。

3.课堂主动性:能在语言提示和少量肢体辅助下遵循课堂规则,参与课堂活动。

4.其他(特殊情况):喜欢强化物奖励。

5.支持策略:语言提示;图片提示;肢体辅助。

吴某叶:

1.与本课相关的先备知识技能。

(1)能够跟读“运动会报名表”报名信息,如姓名、年龄等。

(2)见过或参与过跑步、拔河、投沙包、平衡车等活动

(3)参与过校园运动会，具备相关直接经验。

2.认知与沟通。

(1)认知方面：能力较差，注意力不集中，观察能力较差。

(2)沟通方面：问答能力差；不能进行普通话沟通，能够理解较简单的方言指令。

3.课堂主动性：能在提示下参与课堂活动，但该生情绪不稳定，课堂参与容易受到情绪影响。

4.其他(特殊情况)：不喜欢动感的音乐，不喜欢和他人眼神直视。

5.支持策略：语言提示；图片提示；肢体辅助。

【教学目标】

课程目标：

1.能够在表格的合适位置书写相关信息，如姓名、年龄等。

2.知道不同类别表格中的关键信息，并正确选择或填写关键信息。

3.知道常见的申请表、报名表、信息收集表等表格的作用，根据意愿填写表格。

单元目标：

1.1 能正确填写报名类表格，在表格合适位置书写信息。

1.2 认识表格中的报名项目，选择自己喜欢的项目。

1.3 知道报名表的作用，根据自己的意愿填写报名表，运用报名表完成报名。

周目标：

1.1.1 能够在表格的合适位置正确书写“运动会报名表”报名信息，如姓名、年龄等。

1.2.1 认识跑步、拔河、投沙包、平衡车、足球、篮球、实心球等12项校运会比赛项目，能够掌握在方框里打钩的方式选择自己参加的运动项目的方法。

1.3.1 知道运动会报名表的作用，主动填写报名表，运用报名表，完成运动会比赛的报名。

课时目标：

1.1.1.1 将自己的基本信息姓名、性别、年龄、班级填写在表格的正确位置。

1.2.1.1 能从跑步、拔河、投沙包、平衡车中以打钩的方式选择出自己想要参加的比赛项目。

1.3.1.1 知道运动会报名表的作用，知道这份表格需要一式两份，填写两份相同的表格。

个性目标：

学　生	将自己的基本信息姓名、性别、年龄、班级填写在表格的正确位置	能从跑步、拔河、投沙包、平衡车中以打钩的方式选择出自己想要参加的比赛项目	知道运动会报名表的作用，知道这份表格需要一式两份，填写两份相同的表格
张某敏	√	√	√
江某玲	√	√	√
吴某劲	√	√	√
陈某林	√	口头提示	口头提示
陈某存	√	口头提示	口头提示
姚某圣	√	口头提示	口头提示
黄某瑶	√	口头提示	口头提示
王某炼	√	口头提示	口头提示
洪某仙	口头提示	口头提示、辅具(图卡)完成	辅具(图卡)完成
吴某叶	口头提示、辅具(图卡)完成	口头提示、辅具(图卡)完成	语言提示、辅具(图卡、放大镜)提示

【教学重难点】

重点：

A组：能够在表格的合适位置正确书写“运动会报名表”报名信息，如姓名、年龄等。能从跑步、拔河、投沙包、平衡车中以打钩的方式选择出自己想要参加的比赛项目。

B组：能够在表格的合适位置正确抄写“运动会报名表”报名信息，如姓名、年龄等。能在图片提示下从跑步、拔河、投沙包、平衡车中以打钩的方式选择出自己想要参加的比赛项目。

C组：能在提示或辅助下描红“运动会报名表”报名信息。能在图片和语言提示下从跑步、拔河、投沙包、平衡车中指认、表达出自己想要参加的比赛项目。

突破方法：示范教学；观察法；多媒体展示。

难点：理解一式两份的含义，并填写两张同样的表格。

突破方法：教师讲解；正确示范。

【教学方法】

教法：

1.情境教学法：结合学校即将开展运动会的实际情境。

2.演示法：通过微课示范，模仿练习填写报名表。

学法：

1.探究学习法：学生通过观看微课尝试填写报名表。

2.实践法：学生通过填写报名表理解表格填写方法。

【教学环境与教学资源】

微课《和小明学填报名表》；代币；课件；强化物；课堂作业单（报名表）。

【教学过程】

一、活动准备（3分钟）

1.教师活动准备：

（1）教师出示往年学生参加运动会的图片，并提问：这是谁？在做什么？

（2）刚刚同学们跟张老师一起看的图片是我们之前运动会的照片，我们每一位同学都成了运动会的运动员，你们有拿到奖牌吗？教师播放PPT图片（领奖）。很多同学都拿到了奖牌，你们还想再参加一次吗？

（3）老师收到了运动会的一张邀请函（PPT播放），我们一起来看看这张邀请函上写了什么？

（4）轮流请识字能力较好的学生回答问题，每人朗读一句话。

（5）考一考：同学们，接下来老师考一考你们：运动会什么时候开？想成为运动员需要交什么东西？什么时候交？

（6）今天我们就一起来学习——《我是小小运动员——填写报名表》（揭示课题）

（7）在学习的过程中，老师希望大家能做到：坐坐好、认真听、多参与、多分享。对于做到的同学，老师会奖励一个代币，老师希望你们在这节课中多拿代币，这周结束就可以换到自己想要的奖品了。

2.学生活动准备：

（1）观察图片，回答教师问题。

（2）回看领奖图片，回忆胜利喜悦的心情。

（3）和教师一起共读邀请函：点到名字的学生起立回答问题。

【设计意图】（1）回看领奖图片，回忆胜利喜悦的心情，激发学生学习的动机。(2)共读邀请函,带入真实情境。(3)说明奖励规则,揭示课题,交代学习任务。

二、发展活动1:新知学习(15分钟)

1.教师活动。

(1)观看微课,了解报名表。

①教师出示小明的报名表,播放微课《和小明一起学填运动会报名表》

②教师带学生回顾微课内容,并初步了解报名表应该怎么填。

(2)系统学习报名表的填写。

①教师逐个出示表格单元,回顾填写项目名称:姓名、年龄、性别、班级、照片、参加项目:跑步、拔河、投沙包、平衡车。

②教师讲解各项目填写内容,并举例说明。

A.姓名:写自己的名字。

B.年龄:写自己的年龄。

C.性别:写男/女。

D.班级:六(1)班。

E.照片:把相片粘贴在方框里。

F.参加项目:在对应项目前的方框里打√。

③教师询问学生想要参加的比赛项目,引导学生用“我想参加……比赛”的句式回答问题。

2.学生活动。

(1)观看微课,了解报名表。

认真观看微课,并在教师的带领下回顾微课的内容。

(2)系统学习报名表的填写。

①学生认读/跟读填写项目名称:姓名,年龄,性别,班级,照片,参加项目:跑步、拔河、投沙包、平衡车。

②用“我想参加……比赛”的句式回答问题。(瑶、劲、玲、林、敏)

③用“……比赛”的词组回答教师问题。(圣、存、练)

④指认自己想参赛的项目。(仙、叶、)

3.设计意图。

(1)通过微课示范,让学生从整体上感知报名表的填写方式。

(2)通过逐个出示表格元素,通过问答、选择、跟读复习表格中出现的字词,为学生填写表格扫清了障碍。

(3)问答中强化上一个单元中学过的内容，帮助学生在学习新知的过程中回忆和复习。

三、发展活动2：实战演练(7分钟)

1.教师活动。

(1)师：同学们，现在让我们来填写自己的报名表吧。

(2)教师发放报名表，引导学生填写，并在此过程中巡回指导。在填写时，根据学生能力在难度上做出区分，调整表格大小和书写工具。

(3)教师通过实时拍照的方式上传学生表格至多媒体，对学生表格的填写情况进行评讲。

(4)对完成情况较好的学生给予强化鼓励。

2.学生活动。

(1)在教师的指导下填写报名表

(2)更正自己的报名表。

3.设计意图。

(1)注重学生的差异，发放不同的作业单。

(2)教师和协同教师在此个别化辅导学生，让每位学生都能获得老师的指导，更深入了解每位学生的学习程度。

(3)及时反馈，及时奖励，及时强化。

四、发展活动3：拓展迁移(2分钟)

1.教师活动。

(1)教师强调邀请函内容中“一式两份”的意思。

(2)师：一式两份的意思就是，我们要交给陈老师几份表格？两份表格的内容要？

2.生：回答问题。理解一式两份的含义。

【设计意图】一式某份，是生活中常见的表格收集要求，填写一份相同的表格，既作为作业，又融入生活常识。

五、综合活动(3分钟)

1.教师活动。

(1)回顾课堂知识，点评学生课堂表现。

(2)根据板书总结本节课的知识。

(3)布置作业：要求学生填写好另外一张表，按邀请函中规定的时间交给陈老师。

2. 生：安静坐好，认真听讲。回顾课堂，总结本节课学习重点，明确家庭作业。

【设计意图】一式某份，是生活中常见的表格收集要求，填写一份相同的表格，既作为作业，又融入生活常识。

六、板书设计

我是小小运动员—— 填写报名表

阳西县特殊教育学校 运动会报名表				
姓名		性别		
年龄		班级		

报名项目	
□ 跑步	
□ 拔河	
□ 投沙包	
□ 平衡车	

七、教学评价

目标＼姓名	敏	劲	玲	炼	林	瑶	存	圣	仙	叶
1.1.1.1										
1.2.1.1										
1.3.1.1										
1.4.1.1										

注：目标达成打“√”，不达成打“×”，需要辅助打“0”。

【教学反思】

亮点：

本节课我利用真实情境和动画微课辅助教学，教学内容贴近生活，提高学生学习的积极性。同时，利用个别化支持手段让每个学生都参与到活动中，课堂气氛活跃，大部分学生能达成学习目标。

1. 利用真实情境，激发学生学习动机。本节课抓住学校即将开展校园运动会的契机，创设真实的学习情境，让学生自然而然地产生学习需求。因此，课堂中学生的学习热情非常高。

2. 信息技术赋能，让课堂更加高效。教师提前制作微课，视频中动画人物小明贯穿整个课堂，通过“小明填报名表”视频，结合教学内容直观展示了填写表格的过程和思路，教学过程连贯、高效。信息技术辅助，加深了学生对知识的理解，有效提高了课堂质量和学习效果。

3. 尊重差异，提供支持。基于学生的身心发展特点，为学生提供适当的个别化支持，满足孩子的发展需要。如根据学生能力设计不同的问题，调整表格大小和书写工具等。

不足与反思：

1. 评价方式单一。在课堂中，学生出现了教师期待的行为时，教师只是给予语言激励，评价方式比较单一。可以利用班级已建立的代币系统进行奖励，激励的方式更加多元些。

2. 生生互动不足。在最后填写表格环节中，有个别学生很快完成任务，但是还有个别学生没有完成，已完成任务的学生等待时间较长。教师可以让能力好的学生当“小老师”，为能力不足的孩子提供帮助，建立同伴支持意识。

3. 生活化拓展不足。填写表格是生活中常常会遇到的事情，教师可以做适当的拓展，结合不同的情境、不同类别的报名表，将所学知识进行迁移和应用。

陈丽娟　爱与尊重是出发点

陈丽娟　广东湛江人，1990年生。2014年6月专科毕业于揭阳职业技术学院，2014年本科毕业于华南师范大学。现执教于湛江市霞山区培智学校，特殊教育二级教师。参与“培智学校主题教学模式探究”“培智学校校园生活绘本课程开发与实践”等课题研究。师德征文、教学设计、课件、微课等十几项荣获省级、市级奖项。被评为“霞山区优秀教师”“优秀指导教师”。

在特殊教育道路上默默耕耘

我是一名普通的人民教师，站在平凡的三尺讲台上。若说有什么不同，那是因为我教的孩子是一群折翼的天使，而我，就是一名在特殊教育道路上默默耕耘、用心用爱守护这群天使的教师。

一、坚定选择，新的篇章

2014年9月，我所在的幼儿园改建为特殊教育学校，我毫不犹疑地选择了特殊教育学校。很多人不理解：为什么一个“90后”的年轻女孩子会选择特殊教育这个职业？这个问题我也问过自己。面对一群特殊的孩子，我该如何和他们相处？如何在他们的生命路程上做一盏指路的明灯？

内心忐忑不安的我第一次踏上特殊教育讲台的时候，我的心被深深地触动了。这是一群怎样的孩子？他们外貌有点怪怪的，不会说出流畅而热情的话，甚至不会向老师问好，然而，他们有最纯真的笑容，有最纯朴的心灵。一个简单的举动，一句简短的话，只是为了向我表达他们内心的喜爱、欢乐之情。这一刻，我知道我的选择是对的。

从教以来，我身兼班主任、学科组组长、手工社团组长等多个职务，背负学校、家长、学生的无限期许和责任。面对困难，我坚定自己的信念，将入党誓词牢记心中，忠于人民的教育事业，砥砺前行，倾注所有的精力，全身心地投入特殊教育事业。

二、初识特教，逐渐成长

特教专业知识短缺是我的短板。我从学前教育专业跨入特殊教育专业，像一块干海绵一样去吸取特教的一切。钻研教材教法、教学大纲，在网络上搜寻特殊教育的知识，在书店翻查各种特殊教育书。珍惜每一个学习机会，积极参加省、市、区、校级特教培训，虚心向有经验的同行、专家求教，积极和家长沟通，不断积累自己的专业知识，提升自己的教学水平。

实践是检验所学知识的最好方法。我将所学的知识跟学生的实际情况结合，制定出具有针对性、导向性的教学计划，并加以有效实施。以教会学生自主生活为目标，以素质教育为导向，以生活技能为载体，积极采用启发式、情景式等实践教学法，达到医教结合的康复教学目标。

自2016年起，我担任班主任工作。“因材施教，注重引导，关注心理成长，宽严并济”是我的带班理念。我并没有因学生的特殊性而放松对学生的要求，在我的心里，每一个学生都有自己的闪光点，只要创造合适的环境，合理地引导，学生就能发挥自己的能力，展现自己的风采。我注重引导学生树立正确的人生观、价值观，建立健康向上的学风，着力培养学生的班级管理能力和自我管理能力，建设健全班干部队伍，开展班务工作。辛勤付出终有收获，学生的进步得到家长、学校的肯定。我被评为校级优秀教师、优秀班主任。2018年参加霞山区中小学班主任能力大赛，荣获二等奖。指导多名学生参加广东省特殊学生艺术职业教育研讨会艺术作品评比活动，荣获一、三等奖，并被评为“优秀指导老师”。所带班级多名学生获广东省“自强好少年”提名奖、区中小学“学雷锋标兵”、区“新时代好少年”等荣誉。2021年，我被评为霞山区优秀教师，所取得的教学经验在其他班级进行推广。

善于总结是成长的良方。每一个教学内容完成后，我都会进行反思，对自己的教法进行探索和研究。对比其他优秀教师、专家的教学思路，总结自己的不足之处。功夫不负有心人，我的努力换来成长，我逐渐成为学校的教学骨干。我同时担任班主任和学校学科组组长工作，带领科组老师积极开展教研教学工作，共同促进我校主题教学模式的实施，参与我校课题研究工作的开展，编写低年级《康复精细》校本教材。

三、深受洗礼，跨新台阶

2021年9月，我有幸加入广东省特殊教育刘少敏名教师工作室，成为入室学员，这次学习为我打开一扇新的大门。各类新教学理念对我陈旧的教学思路带来冲击。为充分发挥名师的专业引领、带动和辐射作用，加速教师专业化发展，培养更多的优秀教师，刘少敏名教师工作室等7个工作室联合举行2022年第一次研修活动，就“聚焦课程标准，打造活力课堂”这一主题开展区域研修活动。在大家共同的努力下，我执教的“生活语文”《好吃的水果》一课，作为优秀课例，与省内各校进行分享，获得好评。

参加名师工作室学习以来，众多专家的特教理念分享极大提高了我的教学能力。刘少敏副校长的《多视角观课议课》，向我们讲解听评课的性质、概念、现状及存在问题，以及教师课堂观察工具等，对我触动很大，让我认识到课堂观察可以从“个别味”“生活味”“康复味”“差异味”“学科味”等五个方向来开展，再对课堂的某一点或整体进行评价。通过系统学习，我进一步明确了特殊教育发展的方向，明确了今后的教学任务，开始建立自己的教学模式，为以后的成长打下坚实的基础。

平凡的事业里孕育着不平凡的精彩。从教8年，我在特殊教育道路上默默耕耘，用青春、爱心、耐心、细心灌溉这些特殊的花朵，为他们撑起蔚蓝的天空。

严爱务实，寓教于乐，因材施教

作为一名特殊教育学校的班主任和生活语文老师，我努力去做一名深受学生尊重和信赖的人民教师。八年的教学经历，我摸索出一些适合自己的教学风格。

一、严爱务实

(一)爱学生,做一个细心的人

爱学生，就必须善于走进学生的情感世界，必须把学生当作朋友，感受他们的喜怒哀乐。爱学生，要以尊重和依靠为前提，做到严中有爱、严中有章、严中有信、严中有度。特殊孩子的自觉性和自控力都比较差，没有课堂常规意识，班级常规情况下避免不了会出现这样或那样的问题，因此需要班主任细心。

为了改掉学生上课迟到的习惯，我每节课都提前到达教室等待并提醒。为了培养他们爱劳动的习惯，增强他们的劳动技能，我带头劳动，并采用学生轮流值日的制度，每天安排一名学生当值日班长，让值日班长帮忙管理班级以及搞好教室的卫生，做到人人有机会、机会人人有，使每个孩子都有锻炼的机会。每天下午放学后，我都会抽时间去班级督促学生值日。做得好，及时给予表扬；做得不好，我会耐心示范，直到他们完成值日为止。在平时，发现地上有垃圾，我会立即拾起来扔入垃圾桶，给学生示范并提醒他们要随时注意保持卫生；还时时提醒他们要随手关灯、关水。这些都是细节，教育学生就要从细节做起，做一位细心的教师。

为了有效实施班级管理制度，在平时的教学活动中，我实行了“代币制”奖励制度，对学习有进步、上课认真的学生进行“代币”奖励，并于每周五上午进行“换代币”活动。学生用自己得到的代币换取喜欢的食品和玩具，以此激励学生不断上进；而对那些表现不好的学生，采用扣代币的方式进行批评与教育，让其改进。

在我的坚持下，学风和班风以及班级卫生大为改观，得到领导、老师、家长的一致好评。班级的班容班貌、卫生评比次次被评为一等奖，班级每个月都被评为文明班，连续4个学期被评为学校文明标兵班。

（二）勤沟通，家校结合促发展

勤与家长沟通，教师与家长合作探讨教育学生方法是特殊教育原则之一。

为了能让班上每位学生的身心能够得到更好的发展，我制定“太阳班学生观察记录表”，每天把学生的突出问题行为与进步情况记下来，放学时家长来接学生，我及时与家长沟通，讨论下一步该用何种方法教育他们。有时还通过发微信或打电话的方式与家长多沟通，了解学生在家的情况，也让家长了解学生在校的情况，虚心听取家长提出的意见，制定有利于学生发展的教学目标，促进家校的共同发展。

为了提高学生的生活自理能力，我制定了“每日一打卡”制度，要求学生每天在家帮忙做一些力所能及的事情，家长通过在班级微信群拍照或发视频的方式进行打卡。

通过长时间良好的家校合作，大部分学生在各方面的能力都得到了提高，特别是在生活自理和简单劳动技能方面，我们班每个孩子都会自觉去完成任务，不断提高自己的水平。很多孩子还能将在学校培养的良好生活品质延续到家中，他们每天都能帮爸爸妈妈做一些力所能及的事情。

二、寓教于乐

心理学家皮亚杰在《儿童智慧的起源》中提出了“玩中学、学中玩”思想，在玩耍中让孩子进行学习，在学习中加入玩耍，通过玩耍和学习的有机结合，提高孩子的学习效率，培养孩子的学习兴趣，促进孩子的健康发展。在我的教学课堂中，我追求轻松愉悦的课堂氛围，课堂形成玩中学、学中玩、寓教于乐的气氛。

因此，我每天都以饱满的工作热情和良好的精神状态出现在孩子们面前，努力为孩子营造轻松愉悦的学习氛围。特殊孩子的理解能力、认知能力、语言表达能力、握笔书写能力等比较弱。在“生活语文”的课堂上，我大胆地运用肢体语言，进行形象而夸张的表演，让孩子们觉得活泼而生动。我鼓励孩子们玩一玩、动一动、想一想、说一说，寓教于乐。

另外，我制作了大量的希沃课件，运用多媒体技术辅助，全方位调动孩子的认知能力，较好地激发了孩子的学习兴趣，促进了孩子对字义的理解，提高了他们对汉字的认读能力和书写能力。在教学汉字时，借助希沃白板，引导孩子们跟读汉字、书空笔画、观看字形变化过程。在教词语、句子时，借助希沃白板，制作各类趣味游戏，如“超级分类”“选词填空”“知识配对”“分组竞争”“判断对错”“趣味选择”等，如在上《毛巾》一课时，我利用“分组竞争”模块组织找出词语“毛巾”的趣味游戏，让同学上台比赛，用游戏的方式检查孩子们的学习效果，巩固教学重难点。这样生动形象的方式，既调动了孩子们的学习积极性，激发了孩子们的学习兴趣，又大大提高了课堂的教学效率。

三、因材施教

由于特殊孩子的自身状况或心理障碍不同，为了促进他们共同发展，我平等对待每一位孩子，针对他们的不同特点，采取不同的教育措施，对其进行有针对性的训练，使他们按照不同的途径、在不同的条件中、以不同的方式去成长，做到因材施教。

上手工社团课时，我根据相关要求，结合学生的认知水平、学习能力以及自身素质进行分组教学，制定不同的教学内容。

A组学生，规则意识强，执行力好，基本动手操作能力尚可，情绪也比较好，他们能够按照教师的指令独立完成任务，我就主要训练他们的双手配合、握笔写画、使用工具的能力，如：学生自己独立完成刮画、钻石贴画制作以及折纸等。

B组学生，基本动手操作能力尚可，但有一定的情绪行为问题，在手工制作时，需要家长和教师在旁边用语言辅助，他们主要进行纽扣贴画、钻石贴画制作。

C组学生，摆弄物品、基本操作能力、双手配合以及手眼协调能力都较差，主要通过刮画来发展孩子的潜能，因为他们有很大的情绪行为问题，而且常规意识很差，在制作手工时，需要家长在旁边手把手辅助。选择适合每个学生特点的学习方法、学习内容，进行有针对性的教学，可以发挥学生的长处，弥补学生的不足，激发学生学习的兴趣，树立学生学习的信心，从而促进学生全面发展。

教学风格不是一蹴而就的。我要不断研究教育教学规律，结合自己的性格特点，形成自己的教学风格。

培智学校生活语文《好吃的水果》教学课例

【教学内容分析】

本节课教学内容适用于我校二年级学生，选自培智学校义务教育实验教科书部编版《生活语文》二年级上册个人生活第4课《好吃的水果》的内容。根据学情、年级段等特点进行调整而成，旨在落实国家课程标准中"倾听与说话"领域的"能听懂常用的词语、句子，并作出适当回应"；"识字与写字"领域的"能关注汉字，萌发识字的兴趣，能区别一般图形与汉字"以及"阅读"领域的"能从图片中找出熟悉的人、物和生活情景"的课程目标。

选择《好吃的水果》这一教学内容，是因为课文内容贴近学生个人生活，在教学时，以图文结合的方式帮助学生理解词语"苹果、香蕉、西瓜"及课文内容，理解、认读生字"西、大"。通过课文和练习的内容，主要引导学生认识"苹果、香蕉、西瓜"3种水果，了解这些水果的形状、大小。通过多种感官的作用，使学生能关注汉字，萌发识字的兴趣，能区别一般图形与汉字，从而引导学生进一步认识生活中的事物，提高学生生活适应能力。

教学内容的功能在于：

(1)贯彻落实培智学校义务教育的国家课程标准，体现课改提出的目标导向的教学理念，指导学生初步掌握学习语文的基本方法，促进学生养成良好的学习习惯，正确理解和运用祖国语言文字，具有基本的适应生活的听、说、读、写能力。

(2)着眼于学生的生活需要，按照学生的生活经验和生存需要，构建以生活为核心的开放而适性的语文课程，注重语文知识与生活的联系，让学生在生活实践中学习与运用语文知识和技能，为其适应生活和适应社会打下基础。

(3)根据培智学校学生的特殊需要，为学生通过感知、体验、参与等多种方式进行语言文字学习创造条件，体现以生为本的精神。

【学情分析】

基本情况：本课的授课对象为二年级学生，共9人。2名为自闭症儿童(杨、瑛)，4名为唐氏综合征儿童(婷、翔、林、聪)，3名为智力障碍儿童(堂、李、澳)。综合教材要求、学生个性特点和学生的认知等基本因素，我将学生分为A、B、C三组。

语文学习能力方面：

A组3人(婷、翔、澳)：学生能听懂语文课堂日常教学用语，能认读学过的词语，3人均有口语，语言表达仅限于词语和短句；能配合参与齐读、轮读、回答问题等学习活动。

B组3人(林、堂、聪)：学生均有口语，能听懂部分语文课堂常用教学用语，能在教师的提示辅助下表述简单词语，大多数时间能配合教师进行课堂互动。

C组3人(杨、李、瑛)：多方面能力弱。

学生具体分析如下：

澳：男，8岁，智力障碍，语言理解方面突出，语言表达清晰，能朗读句子，课堂学习效果佳，但握笔书写能力弱。

婷：女，9岁，唐氏综合征，能认读词语，能仿说短句，但理解能力一般，能接受老师的教学内容。

翔：男，9岁，唐氏综合征，书写和模仿能力、理解能力较好，但慢热，不敢表现自己，会有一点小情绪，需要老师不断鼓励。

林：男，9岁，唐氏综合征，能跟说简单词语，有基本的物品概念，书写能力较好，但对知识的理解和接受能力较弱，需重复练习。

聪：男，8岁，唐氏综合征，书写能力较好，有基本的物品概念，能听懂基本指令，会简单指认，但对知识的理解和接受能力较弱，需重复练习。

堂：男，9岁，智力障碍，能够跟读或者仿说简单的词语，在提示下能进行图片指认和配对，但是对字词的理解能力较弱。书写能力较差，课堂意识薄弱，会经常开小差，需要及时予以引导、鼓励。

李：男，9岁，智力障碍，能配合老师进行课堂互动，但遗忘较快，发音不准，情绪、理解和认知能力一般，握笔书写能力差。

杨：女，10岁，自闭症，能够回应老师的一些简单指令，在老师的协助下能够进行图片指认，能够模仿发出一些模糊的语音。

瑛：女，8岁，自闭症，能够听一些简单的指令，在课堂活动中能进行跟随或简单参与，需要在家长或教师动作的指导下参与课堂教学。

【教学目标】

课程目标：

倾听与说话：

1. 能在别人对自己讲话时注意倾听。
2. 能听懂常用的词语，并作出适当回应。
3. 能听懂简单的句子，并作出适当回应。
4. 能听懂生活中的常用语言。
5. 能模仿运用生活中的常用语言。
6. 能在生活情境中进行简单对话。

识字与写字：

1. 能关注汉字，萌发识字的兴趣。
2. 能区别一般图形与汉字。
3. 认读生活中常用汉字 10—50 个。
4. 能用铅笔描写或抄写生活中常用汉字。

阅读：

1. 在书上找到相应的课文。
2. 能从图片中找出熟悉的人、物和生活情景。
3. 知道图片上的文字和画面是对应的，文字是用来表示画面意义的。
4. 能结合图片的内容，理解词、句的意思。

单元目标：

1. 能在图片中区分“苹果、香蕉、西瓜、米饭、面条、手指”。
2. 跟读词语“苹果、香蕉、西瓜、米饭、面条、手指”，理解词语的含义。
3. 能将词语“苹果、香蕉、西瓜、米饭、面条、手指”进行图文配对。
4. 认读和理解句子“苹果圆，香蕉弯，大大的西瓜甜又甜”“米饭和面条，蔬菜和水果。样样都爱吃，我们不挑食”“我有一双手，十个手指头。”“小手本领大，十个手指头”。
5. 能结合场景说句子“我喜欢吃______”“水果店里有______”“______手指头，______本领大”“我用手______”或其他拓展内容。
6. 认读和书写生字“西、大、米、我、十、个、手”，并能进行区分。
7. 学习笔画“、”“丿”“乛”。
8. 能结合图文朗读课文《好吃的水果》《不挑食》《我有一双手》。
9. 养成爱吃水果、不挑食的好习惯。

10.知道自己的双手能做很多事情,增强自信心。

周目标:

1.能在图片中区分"苹果、香蕉、西瓜"。

2.跟读词语"苹果、香蕉、西瓜",理解词语的含义。

3.能将"苹果、香蕉、西瓜"进行图文配对。

4.认读和理解句子"苹果圆,香蕉弯,大大的西瓜甜又甜"。

5.能结合场景说句子"(　　)的苹果""(　　)的香蕉""(　　)的西瓜""我喜欢吃______""水果店里有______"或其他拓展内容。

6.认读和书写生字"西、大",并能进行区分。

7.养成爱吃水果的好习惯。

课时目标:

1.听指令,找出"苹果、香蕉"的图片或者实物。

2.能跟读和理解词语"苹果、香蕉"和短语"苹果圆,香蕉弯。"

3.能将"苹果、香蕉"进行图文配对。

4.能结合场景仿照句式"我喜欢吃______"来说话。

5.知道多吃水果的好处,逐步养成爱吃水果的好习惯。

个性目标:

婷:1+2+3+4+5。

澳:1+2+3+4+5。

翔:1+2+3+4(语言提示)+5。

林:1+2+3(语言提示)+4(图文提示)+5(语言提示)。

堂:1+2+3(语言提示)+4(图文提示)+5(语言提示)。

聪:1+2+3(语言提示)+4(图文、语言提示)+5(图文、语言提示)。

李:1+2(图文、语言提示)+3(语言提示)+4(实物、语言提示)+5(语言提示)。

杨:1(实物)+2(图文、语言提示)+3(语言提示)+4(实物、动作辅助)+5(语言提示)。

瑛:1(实物)+2(图文、动作提示)+3(动作提示)+4(实物、动作辅助)+5(语言提示)。

【教学重难点】

重点:跟读和理解词语"苹果、香蕉",短句"苹果圆,香蕉弯"。

难点:能将词语与实物或者图片配对;能结合场景仿照句式"我喜欢吃"来

说话。解决措施：

1.通过感知实物认识苹果、香蕉，结合苹果、香蕉的图片和词卡进行朗读，促进学生有效跟读“苹果、香蕉”。

2.通过提供实物、视频和游戏体验，理解词语“苹果、香蕉”，了解他们的形状，从中渗透理解短语“苹果圆，香蕉弯”。

3.能结合场景仿照句式“我喜欢吃”来说话，逐步让学生养成爱吃水果的好习惯。

4.借助希沃课件和板书等，根据学生的能力进行分层教学，提高学生的专注力。

5.主教、助教和陪读家长分工合作，有效开展协同教学。

6.运用代币激励学生关注课堂能力，调动学生参与课堂活动。

【教学方法】

讲授法、示范法、情景体验法。

【教学环境与教学资源】

希沃白板，教学课件，苹果、香蕉、西瓜实物和图片，动画视频，小红花若干，牙签。

【教学过程】

一、准备活动(3分钟)

组织教学：师生互相问好，组织纪律。(坐姿要求：身坐正、脚并齐、手放好、嘴闭紧、眼睛向前看。)

上课要求和奖励：

主教提出课堂纪律要求和奖励规则：1朵红花换一块苹果，2朵红花换一根香蕉。助教提醒学生安坐、注意听讲。

【设计意图】(1)课堂常规要求，培养学生遵守课堂纪律的意识。(2)提出要求和奖励，激励学生认真上课，培养学生上课的规范行为。

导入主题。

师：今天老师到超市买了好吃的水果跟大家一起分享。大家想吃吗？

生：想。(教师给学生分发提前准备好的水果和牙签。学生品尝水果。用后，将牙签还给教师。)

师：水果好吃吗？

生：好吃。

师：今天我们就一起来学习第4课《好吃的水果》。

（教师领读课题。学生齐读2遍。）

【设计意图】创设情景集中学生的注意力，让学生品尝水果能激发学生学习的兴趣，引出课题。

二、发展活动（30分钟）

教授新知。

1.认识苹果。

（1）猜一猜，教师拿出神秘布袋，请学生摸一摸、闻一闻、猜一猜、说一说，引出苹果。

【设计意图】充分调动学生的多感官学习。

（2）展示实物苹果。

（3）出示苹果图片，引导学生观察图片。

【设计意图】实物与课件图片匹配，巧妙从中进行图片和实物分类教学。

（4）教师出示希沃游戏巩固训练，学生按要求完成。

游戏1：C组学生在两种水果实物中，找出“苹果”。

游戏2：B组学生在2张图片中，找出“苹果”的图片。

游戏3：A组学生在3张图片中，找出“苹果”的图片。

【设计意图】分层教学，根据学生的实际去设计，促进学生个体的发展。

（5）出示字卡“苹果”，多种形式引导学生读。

【设计意图】知动结合，引导学生从实物苹果、图片到文字的递进式学习，引导学生以各种形式认识苹果，从具体到抽象，逐步发展学生的抽象思维。

（6）希沃游戏巩固训练：

游戏1：C组学生点读词语“苹果”。

游戏2：B组学生在2张字卡中，找出词语“苹果”。

游戏3：A组学生在多张词语中，找出词语“苹果”。

【设计意图】利用希沃白板5的趣味分类、分组竞赛等游戏，实施分层教学，使学生在玩中学，学中玩，从而使学生进一步认知水果的名称，进一步发展特殊学生的认知能力以及手眼协调能力。

（7）引导学生观察苹果的形状。请学生摸一摸。学习短语：“苹果圆”。A组学生独立说出短语“苹果圆”，B组学生在教师语言提示下说出短语“苹果圆”，C组学生跟说。

【设计意图】规范读音和口型，鼓励学生大胆、响亮跟读。

2.认识香蕉。

(1)利用希沃课件的蒙层功能,请学生擦一擦、猜一猜,引出香蕉。

【设计意图】游戏结合,激发学生参与课堂的积极性和主动性。

(2)实物展示,请学生摸一摸、闻一闻。

(3)出示香蕉图片,进行教学。

(4)教师出示希沃游戏巩固训练,学生按要求完成。出示字卡“香蕉”,引导学生认识词语“香蕉”。

【设计意图】游戏结合,激发学生参与课堂的积极性和主动性。

(5)出示字卡“香蕉”,引导学生利用多种形式认识词语“香蕉”。

【设计意图】促进学生口头语言的发展。

(6)希沃游戏巩固训练:

教师根据学生的能力出示3种难易程度的游戏。

游戏1:C组学生点读词语“香蕉”。

游戏2:B组学生在“苹果、香蕉”2张字卡中,找出词语“香蕉”。

游戏3:A组学生在多种词语中,找出词语“香蕉”。

【设计意图】分层教学,促进学生的个体发展。结合希沃游戏,学生在玩中巩固所学知识,激发学生参与课堂的积极性和主动性。

(7)引导学生观察香蕉的形状,请学生摸一摸。学习短语:“香蕉弯”。A组学生独立说出短语“香蕉弯”,B组学生在教师语言提示下说出短语“香蕉弯”,C组学生跟说。

【设计意图】通过多种方式提示学生,引导学生主动回答,让学生初步认识香蕉名称。

(8)希沃游戏巩固训练:

游戏1:在语音视频的提示下,C组学生将实物“苹果、香蕉”送回各自的家。

游戏2:B组学生能将“苹果、香蕉”的图片和“苹果、香蕉”的字卡进行连线配对。

游戏3:A组学生能在“苹果、香蕉、西瓜、橙子”四张字卡中,选择出“苹果、香蕉”的字卡与图进行配对。

【设计意图】分层教学,促进学生的个体发展。结合希沃游戏,学生在玩中巩固所学知识,更加激发学生参与课堂的积极性和主动性。

拓展训练。

结合场景说句子:我喜欢吃。

教师示范，学生多种形式跟说，学生用自己得到的红花与教师兑换喜欢的水果。C组学生在助教或陪读家长的动作辅助下用自己得到的红花与主教兑换喜欢的水果。B组学生在助教教师语言的提示下尝试说出句子："我喜欢吃。"并用红花兑换水果。A组学生独立兑换水果并说出句子："我喜欢吃。"

【设计意图】联系生活去学习，多种形式的跟说，有利于学生口头表达和认知能力的发展。结合上课要求和代币系统兑现奖励品。

三、综合活动(3分钟)

1. 主教总结本节课内容，助教提醒学生认真听讲。

2. 布置作业：

(1)朗读"苹果、香蕉""苹果圆、香蕉弯"。

(2)和爸爸、妈妈到超市指认或购买这两种水果。

【设计意图】课后用所学知识到实际生活中去购买水果，让学生在真实的情景中练习表达，学习对话。教学内容从生活中来，到生活中去。

四、板书设计

好吃的水果

认一认	读一读	说一说
苹果图片	苹果	苹果圆
香蕉图片	香蕉	香蕉弯

我喜欢吃(　　)。

五、教学评价

婷：1(√)+2(√)+3(√)+4(√)+5(√)。

澳：1(√)+2(√)+3(√)+4(√)+5(√)。

翔：1(√)+2(√)+3(√)+4(√)+5(√)。

林：1(√)+2(√)+3(√)+4(√)+5(√)。

堂：1(√)+2(√)+3(√)+4(√)+5(√)。

聪：1(√)+2(√)+3(√)+4(√)+5(√)。

李：1(√)+2(√)+3(×)+4(√)+5(√)。

杨：1(√)+2(√)+3(×)+4(×)+5(√)。

瑛：1(√)+2(×)+3(×)+4(×)+5(×)。

【教学反思】

亮点：

本课从儿童味、生活味、学科味、活动味和康复味等方面开展学习，通过多种形式的练习，帮助学生理解、认识“苹果、香蕉”2种水果，了解这些水果的名称、形状等。

1. 富有儿童味。儿童味是一种课堂的立场，是对学生学习主体性的充分肯定。教师从学生的角度选择教学方法和策略。本节课尊重学情，以学定教，尊重儿童的认知规律，循循善诱，顺应儿童的游戏天性，学生能够快乐学习，积极参与。

2. 富有生活味。本节课以学生日常生活中熟悉的水果为主题，介绍了苹果、香蕉这2种学生在生活中常见的水果。通过学习认识2种水果的名称、形状等，到用自己努力得到的红花兑换喜欢吃的水果，课后用所学知识到实际生活中去购买水果，让学生在真实的情景中练习表达，学习对话。教学内容从生活中来，到生活中去。

3. 富有学科味。本节课通过看、听、摸、猜、闻等多种手段观察和认知两种水果的特征，通过教师示范读、全班学生齐读、小组读、同桌读、男女生读、个别读等多种形式使学生熟练跟读词语，通过观察图片、组装、填空游戏、理解短句、在情景中说句子，在生活语文课中，学生听、说、读的能力得到训练，师生、生生之间的互动交流得以进行，为学生美好的未来生活打下了基础。

4. 富有活动味。本节课采用让学生品尝水果为课堂导入，激发学生参与学习的积极性和主动性。新授环节通过设计知识竞赛、分组竞赛、游戏互动、图文配对游戏活动，给学生丰富多元的活动体验，让他们乐在其中，快乐学习。

5. 富有康复味。培智生在障碍类型、学习基础和学习方式等方面存在较大差异。本节课通过积极行为支持、个别化教育和重视学生反映等多种形式给予学生积极的支持。

不足与反思：

1. 情景设置不够。可以将教室的场景布置成一个“小超市”。

2. 学生用自己通过努力而得到的红花，兑换自己喜欢吃的水果，用所学知识到实际生活中去购买水果，可以改为学生用自己赚到的“代币”到“小超市”购买水果，让学生在特定情景中练习表达，学习对话。

何木荣　让“爱”走得更远

何木荣　1976年生。1998年7月毕业于湛江市教师进修学校幼师班，2023年1月本科毕业于岭南师范大学。现执教于广东省湛江市徐闻县特殊教育学校，特殊教育高级教师。撰有论文《浅谈特教学校的班主任应该怎样抓好班级德育教育工作》《利用生活语文，促进特殊教育学校儿童生活能力提升》等。

让“爱”走得更远

1998年中师毕业后，我就一直扎根农村，与孩子们一起学习，坚守在农村语文教学第一线。年华似水，岁月飞逝，回首相视，我竟已在教育这个行业里耕耘了20多个年头。在每一个与孩子为伍的日子里，我都感受着喜悦，脸上总是笑，心中总是装着快乐，我把自己的那一份愉悦、那一颗爱心、那一种执着都无私地奉献给孩子们。我如孩子般透明，简单而快乐。

一、喜爱，让我走上了教师之路

我是一名小学教师，因为喜欢孩子，所以选择了这个职业。每当我看到稚气可爱的孩子们快乐地学习着，我就非常高兴。带着这种喜好和对孩子们的爱，我走上了教师之路。

学校有计划地安排专家引领我们青年教师成长，还通过读书会、一课四练等活动，让青年教师倾听同伴的心声。与大师对话、与同行对话，在这样一种面对面、近距离的接触中，与之俱来的是心灵的激荡、人格的感染，持续激发我内在成长的需求。

认识自我就是与自己对话。在工作期间，我学习了许多新知识，观看了不少名师之课，在不断充实自己的同时，我感觉自己的课堂教学发生了积极的变化。爱，是我投身于教育事业的原动力，也是我持续发展的强大推力。

二、支持，让我拥有了坚强的后盾

我在教师这个岗位上一干就是20多年，回顾这多年来的教学之路，我深深地感受到个人成长离不开自信、钻研、毅力，更离不开学校环境和教师群体所形成的强大后盾。每当我遇到教学上的难题时，领导都会鼓励我，同事都会帮助我。

我记得刚刚工作时，站在讲台上，面对着那些咿咿呀呀的学生，有些无奈，他们没有课堂常规的概念，一个个睁着茫然的眼睛，把我憧憬的课堂梦想击得粉碎。为了能把课上好，能让学生喜欢我，我阅读了大量的教育教学书，向有经验的教师请教，向校内外名师学习，我逐步走出困境，最终能轻松驾驭课堂。有了领导和同事的支持，学校就是我成长的摇篮。

三、学习，让我得到了不断的超越

我积极参加各种学习，不断充实自我，我的教学能力不断提高。公开课是教师展示自己才华的舞台，更是教师相互学习、共同提高的机遇。我校开展了以“一课四练”为特色的校本教研活动。组长牵头讨论确定研究主题，以年级为小组进行集体磨课，确定第一位上课教师进行“一练”教学，在集体评课的基础上进行修改，确定第二位执教者进行“二练”教学，继之进行“三练”“四练”。这样的磨课方式，有利于更好、更快地让青年教师在互帮互助中提高课堂教学水平。

老舍在《养花》中说：“我爱花，所以也爱养花。我可还没成为养花专家，因为没有工夫去做研究与试验。我只把养花当作生活中的一种乐趣，花开得大小好坏都不计较，只要开花，我就高兴。”不是吗？我爱教育这个职业，可我还没有成为名师，不正是我没有去认真研究吗？我也不奢望我能成为名师，这是我喜欢的事业，不求搞得惊天动地，做自己喜欢的事，看一群天真的孩子快乐健康地成长，这不正是一种幸福吗？我在教学上有疑必问，虚心向其他老师请教，学习他们的方法，探讨教学心得，交流教学体会，分享各自的收获，不断提高自己的教学水平，其乐无穷。

四、实践，让理论不断验证和完善

作为教师，在专业成长的道路上，无论是痛苦、徘徊，还是快乐、感动，都是我们心灵成长不可或缺的元素。相信我们在不断超越自己的过程中，必会破茧成蝶，去领略天空的美丽风光。

“不劳动，连棵花儿也养不活，这难道不是真理吗？”在教育教学中只教不思考，自己就永远难以成长起来。这和养花有异曲同工之处？

有喜有忧，有笑有泪，有花有实，有香有色，既需劳动，又长见识，这就是养花的乐趣。这不正是教育教学的真实写照吗?

经过多年的探索和学习，自己不断在实践中探索和修正，在平时工作中多一份投入，多一种学习，多一些反思，多一点执着的爱。在平时的教育教学中，为了上好每一次课，精心备课，反复修改。有时候急于想展现自己的个性，所以难免表现出浮躁，把一堂课的目标定得太高。独特的教学风格非一朝一夕就能形成，需要长期实践和不断探索。因此，必须要静下心来，虚心向优秀的教师学习，吸收其合理的、能为自己所用的东西，提高自己的业务水平。

五、反思，让我体验到了成功的快乐

多年来，我积极参加各种学习，不断充实自我，我体会到读书、写随笔、写体会、写日记的重要性。平时写论文，总感到无话可说，好不容易凑出来一篇文章也是干巴巴的，关键的原因就是自身底蕴不足，要提高自己能力。

不断将知识内化，有益于教师的专业成长，更有益于人性的完善和思想的成熟。一个深层思考的过程，不但可以让我对教育的理解更为深刻、思维更为周密，而且可以让表达更为准确、更为流畅。教师的专业发展需要理论的提高。展望未来，我梦想着让我的学生能够快乐健康地成长，飞得更高，飞得更远。

宽容·温情·灵动

人的个性也能随着年龄的增长而有所变化。年轻时，朋友们说我“稳重冷静”，以后则常听人讲我“温柔有涵养”。确实，随着阅历的不断丰富，对人生、对教育的感悟越来越深，心也变得越来越柔软。那么，体现在教育教学工作中，则是对学生们越来越宽容和充满了温情。

我从1998年成为小学教师起，就一直耕耘在小学教学的第一线。一直从事小学低年段的语文教学，这么多年教育教学经验的积累，让我对孩子们越来越了解，也越来越热爱这些可爱的小家伙们。你走近孩子、了解孩子以后，就会发现他们并不像人们常说的“孩子生下来就是一张白纸，你往上画什么，他们就有什么”。实际上他们是千差万别的。即便是刚出生的婴儿也并不是白纸，在他们小小的身上其实已经附着了很多独有的特质，每一个孩子都应该拥有属于自己的未来。因此，我们不能以同一种标准去要求他们，用同一把尺去度量他们。对孩子不同的意见，孩子的错误和孩子的成长都很宽容，这是教师的一种美德、一种智慧，还是一种教育方式。现在的我不再像年轻时那样执着于树立师道尊严，不再执着于要学生达到整齐划一的目标。而是以宽容的态度对待孩子们的问题，以温情的面貌去鼓励孩子们表达自己真实的想法。因为只有这样，学生才会愿意追求有个性的见解，学生的创造力才能得以保护，生命才能鲜活起来。

一、宽容

在近些年的语文课堂中，我要求自己做到课堂管理宽容些，教学进程灵活些，对待后进生温暖些。小学生的年龄特点决定了他们好动、好说，40分钟的课堂常常不能一直保持良好的注意力。对待学生们偶尔的开小差、讲小话、做小动作等现象，我一般先安静几秒钟，等待他们自己改正；若不见成效，则进一步给予善意提醒，如表扬其他同学、提问、提高声音、轻轻敲敲桌子等方法帮助其纠正。每个班都会有几个调皮孩子，有时他们有意或无意地捣蛋，常常能让我们怒不可遏，但只要不对课堂教学产生很大的影响，我都尽量克制自己的情绪，将纪律控制好后，其他问题留在课后再进行处理。教师如果没有良好的自制力，在学生出现纪律问题时就可能因怒气而冲昏了头脑，做出伤害学生自尊的事情。只有在冷静的心态之下，才能了解问题的真相，才能宽容学生的错误，并加以纠正。

按时完成课程任务是每位教师都不能逃避的责任，而给予学生思考的时间、倾听学生不同的见解、鼓励学生合作探究等促进发展的教学行为，常常会占用很多的课堂时间。因此，教师们左右为难之后，一般还是走回老路，匆匆完成既定的教学任务，再进行反复训练以保证知识掌握牢固、考试成绩“体面好看”。但在我的观念里，在课堂上让学生愿学、会学、能学，促进孩子终身发展更有意义。于是，课堂上给孩子们充分思考、发言、动手的机会，不急于牵引着学生朝着“标准答案”方向努力，不急于完成预定的教学过程。如一年级第一学期初学写字的时候，我给予学生尽量多的时间进行书写练习，自主探究规律；鼓励学生自己去发现规律，并在学生学会的基础上引导归纳出书写笔顺的方法。在书写的过程中，每个学生都动手书写，每个学生都要在观察和比较中思考如何将字写得更好。这样，学生既可以积累更多的汉字，又可以积累思维活动的经验。在平时的教学中，我刻意弱化教师的知识权威性，允许学生有不同的看法，甚至质疑我、反驳我。我曾教过的二年级的一位学生，小小年纪，思维非常敏捷，多次在课堂中对我的讲解或书上的答案提出自己的看法，虽然常常因为知识狭窄而出错，但偶尔也能打开其他同学的思路，让同学们得到启发。我不仅在课堂上鼓励他，还当家长面表扬他。我想，正是因为平时营造了宽容、民主的课堂氛围，孩子才会具有这种独立思考的意识。

二、温情

学生的差异是客观存在的，所以在学业上的后进生也总是存在的。如今，以学业成绩衡量学生优劣的观点虽然在逐步弱化，但一直难以消除。于是，后进生们有时候要承受来自一些教师、家长、同学的偏见，心理上越来越敏感和脆弱，渐渐形成逆反或自暴自弃的心理。我认为，这样的环境对他们的成长非常不利，给他们多一些温暖、多一些关爱、多一些引导，才能帮助他们健康成长。在我的课堂中，绝不允许嘲弄别人的缺陷和弱点，绝不允许嘲笑别人错误的回答。对于学生的错误，我喜欢引用“错误就是资源”的观点：“你的错误呈现了这个问题的难点，给我们提供了很好的资源……谢谢！”并报以温暖的笑容，让这个孩子不会感到难堪，让他有信心继续思考和交流。后进生们在课堂里还常常存在注意力容易分散、自控力较弱的情况，导致被有的同学告状和指责，往往让他们感到同学不友好。于是，我教育其他同学要包容别人的不足，学会友好地提醒别人的失误，善意地帮助别人进步。当后进生们感受到来自老师和同学们的温暖后，慢慢地不再自卑，不再气馁，并努力追求进步。

三、灵动

灵动，就是以学生为本，在课堂中关注学生的学习状态，关注师生之间、生生之间的交流。教师不仅仅要关注自己的教学预案，更要关注学生在课堂中的整体表现，善于捕捉学生在课堂中生成的闪光点，及时给予鼓励和肯定，让学生感受到学习的乐趣与成功。

教学过程之所以要灵动，是因为以下几点因素：

第一，语文知识的学习过程是生动的，形式是多样的。强调灵动性，能让学生感受到语文学科的魅力。

第二，教学预案是丰富的，能满足不同学生的需求，但是不能涵盖所有的“突发事件”。教学主线是不变的，而教学流程是可变的。强调灵动性，就是能根据学生的需求而适当调整。

第三，根据所授知识的特点，教师选取恰当的学习方式与教学方式。学生能自己探究的，老师不教；学生能自己讲解的，教师只做关键梳理；学生感到有困难的，师生才共同研究。

第四，课堂上的教学氛围是愉悦的，教师与学生的关系是和谐的。强调灵动性，就是教师能通过自己的语言、创设的悬念、渲染的文化等，让学生感受到语文知识的魅力，感受到语文的美，能不断激发学生主动学习、主动探究的欲望。

如小学低年段语文教学中，学生认识一个字、一个词，说一个句子、一段话，在这样的过程中，唤醒学生在平时积累的生活知识，教师在其中加以引导及启发，学生就会在不知不觉中掌握新知识了。

培智学校生活语文《穿针线　钉纽扣》教学课例

【教学内容分析】

本节课教学内容适用于我校八年级的学生，2016年《培智学校义务教育课程标准》指出：构建以生活为核心的开放而适性的语文课程，同时特别关注学生的个体差异，关注学生的学习特点，发掘学生的语文学习潜力，使学生具有基本适应生活的听、说、读、写能力。基于学生的需求，在教学主题上选择了与生活相关的《穿针线 钉纽扣》，让学生学会参与家庭劳动，承担起一定的家庭责任，服务家人。

教学内容的功能在于：(1)贯彻落实培智义务教育的国家课程标准，体现课改提出的目标导向的教学理念，彰显生活适应课程的生活性、实践性、开放性；(2)以学生生活为基础，围绕学生所处的生态和实际生活选择、调整教学内容，体现课改提出的以生为本的精神、理念；(3)关注学生生活实际，培养学生生活适应能力，提高学生的生活质量，帮助学生融入社会；(4)养成关心他人、参与劳动的意识与行为习惯，为学生进入高中学段的职业教育奠定基础。

【学情分析】

基本情况：本课的授课对象为八年级学生，共8人。自闭症学生3人（男生1人，女生2人），唐氏综合征学生2人（男生），多重残疾学生3人（男生2人，女生1人）。7人有口语，1人无口语，整体理解能力、动手操作能力较好，多数能积极回答问题并与老师互动。

语文学习能力：

韩某超：男，15岁，智力障碍二级，能听懂教学用语，书写和模仿能力、理解能力较好。

陈某聪：男，16岁，智力障碍二级，能听懂教学用语，能认读词语，有口语，但理解能力一般。

陈某鸣：男，16岁，智力障碍二级，能认读学过的词语，有口语，书写和模仿能力、需要老师不断鼓励。

刘某洁：女，15岁，智力障碍二级，书写能力较差，课堂意识薄弱，会经常开小差，大多数时间能配合老师进行课堂互动。

谭某芸：女，16岁，智力障碍二级，对知识的理解和接受能力较弱，书写能力较差，会经常开小差。

刘某健：男，16岁，自闭症，知识的理解和接受能力较弱，需重复练习；书写能力较差。

陈某平：女，15岁，自闭症，多方面能力弱，没有语言表达能力，遗忘较快，发音不准。

许某明：男，15岁，自闭症，没有参与课堂教学的意识，基本不配合老师的指令，需要在家长或教师动作的指导下参与课堂教学。

【教学目标】

课程目标：

倾听与说话：

1. 能耐心、认真地倾听，并能理解别人所表达的意思。
2. 能听懂与生活相关的话题，并做出适当的反应。
3. 能听懂任务分工、操作步骤和要求。
4. 能听懂生活中的常用语言。
5. 能模仿运用生活中的常用语言。
6. 能用简短的语言表达个人基本需求。
7. 能在生活情境中进行简单对话。

识字与写字：

1. 能关注汉字，萌发识字的兴趣。
2. 能区别一般图形与汉字。
3. 认读生活中常用汉字10～50个。
4. 能用铅笔描写或抄写生活中常用汉字。
5. 养成良好的书写习惯，字迹清楚端正。

阅读：

1. 在书上找到相应的课文。
2. 能从图片中找出熟悉的人、物和生活情景。

3.知道图片上的文字和画面是对应的,文字是用来表示画面意义的。

4.能阅读背景简单的图画,了解大意。

5.能结合图片的内容,理解词、句的意思。

单元目标:

1.根据课文内容回答问题。

2.提高学生的阅读能力。

3.能知道衣物打理步骤。

4.能说一说自己对生活的体验和感受。

周目标:

1.会读“针线、纽扣、对准、顽皮、开叉、坚持”六个词语。

2.听老师读课文,了解课文大意。

3.用“只要…… ,就……”说一句话。

4.在大人的帮忙下,能完成一次钉纽扣,并说说钉纽扣的过程及你的感受。

本课目标:

1.能跟读并理解课文第1、2自然段内容。

2.能读准“针线、纽扣、对准”。

3.能说出“我”是怎样穿针线的。

4.能掌握穿针线的步骤。

【教学重难点】

重点:能跟读并理解课文第1、2自然段内容;能读准“针线、纽扣、对准”。

难点:能说出“我”是怎样穿针线的;能掌握穿针线的步骤。

【教学环境与教学资源】

希沃白板,教学课件,针、线、衣服实物和图片,动画视频。

【教学过程】

一、准备活动(3分钟)

提出课堂纪律要求和奖励规则:1朵红花换一块糖,2朵红花换一块饼干,3朵红花换一种水果。

【设计意图】课堂常规要求,培养学生遵守课堂纪律的意识。提出要求和奖励,激励学生认真上课,培养学生上课的常规。

二、导入新题

1.教师出示一件掉了纽扣的衣服,指导学生仔细观察,问:你发现了什么?

怎么办？学生思考。

2. 导出课题《穿针线　钉纽扣》，学生读课题。

【设计意图】通过创设情境提高学生的注意力，激发学生学习兴趣，引导学生观察并思考问题，寻找解决问题的方法。

三、发展活动（30分钟）

活动一：认读生字词。

1. 教师出示钉纽扣的工具（针、线、纽扣），带领学生读一读、记一记工具名称。

2. 教师出示多媒体图片，让学生认识钉纽扣的工具，指导学生学习生字（针线、纽扣、对准）三个词语。

3. 使用图卡帮助学生认读词语。

通过领读、集体读、个别读等形式帮助学生读准读音，识记生字词，并根据学生的个性化目标提供支持。

【设计意图】从实物、图片到文字的递进式学习，不断引导学生用各种形式认读词语，让学生读准字音，识记字形，理解词义，符合学生的学习特点。

活动二：理解课文。

1. 教师出示课文的第1—2自然段，范读课文。

2. 学生齐读课文第1—2自然段。无口语的学生指认课文。

3. 教师提问：小明的纽扣掉了，谁来帮他呢？（学会帮助别人）

4. 引导学生理解课文第1—2自然段的内容，并演示穿针线。

5. 再读课文。提问："我是怎样穿针线的？"引导学生回答。

6. 理解词语"对准"的意思。

7. 请学生演示穿针线，要求一边演示一边说："我拿来，左手拿针，右手捏住线头，把线头对准针眼穿起来。"指导学生反复读课文并演示穿针线的步骤。

【设计意图】指导学生反复朗读课文，理解词句意思，通过演示让学生掌握穿针线的步骤和方法，让学生在实践操作中理解课文内容。

四、巩固练习

1. 设计分组竞赛、游戏互动、图文配对三个不同难度的希沃游戏巩固生字词，让不同程度的学生参与。

2. 句子填空：我（　）拿针，（　）捏住线头，把（　）对准（　）穿了起来。不同程度的学生要求不同，会书写的学生填空，不会书写的学生可以一边演示，一边说句子。

【设计意图】根据学生的学习需求，通过不同难度的练习题和不同的要求，引导学生完成练习，分层教学促进学生的个体发展。希沃游戏能够激发学生参与课堂的积极性和主动性，让学生在玩中巩固所学知识。

五、延伸拓展

1. 总结本节课内容，兑换物品。

2. 布置作业：(1)朗读课文和词语。(2)与家人一起练习穿针线。

六、板书设计

穿针线　　　　钉纽扣

认一认　读一读　说一说

针线　纽扣　对准

我(　　)拿针，(　　)捏住线头，把(　　)对准(　　)穿了起来。

【教学反思】

本课结合培智学生的身心特点，设计与学生生活相关的内容，通过实践操作、启发引导和反复朗读等多种形式，帮助学生理解词语和句子，掌握穿针线的步骤。

亮点：

1. 富有儿童味。儿童味是一种课堂的立场，是对学生学习主体性的充分肯定。教师从学生的角度选择教学方法和策略，尊重学情，以学定教，尊重儿童的认知规律，顺应儿童的游戏天性。本节课采用创设情景进行课堂导入，激发学生参与学习的积极性和主动性。通过设计分组竞赛、游戏互动、图文配对等游戏活动，让学生有丰富多元的活动体验，让他们快乐学习。

2. 富有生活味。本节课以学生日常生活中熟悉的生活服务为主题，通过学习解决生活中的问题，课后在实际生活中实践应用，让学生在真实的情景中学会表达，让教学内容从生活中来，到生活中去。

3. 富有学科味。本节课重视学生的朗读，通过教师示范读、齐读、小组读、个别读等多种形式，让学生在读中悟，理解语言文字。教师还采用观察图片、演示、操作等方法，让学生理解穿针线的方法，并说出步骤，训练学生的听、说、读能力，师生、生生之间的互动交流融洽。

4. 富有康复味。培智生在障碍类型、学习基础和学习方式等方面存在差异较大。本节课通过积极行为支持和分层教学，让学生语言得到康复。

不足与反思：

1. 情景设置不够。学生在课堂上练习强度不够，对个别学生的支持不足。

2.学生用获得的红花，兑换自己喜欢的物品，并将所学知识运用到实际生活中去，可以改为用学生自己赚到的“代币”去解决生活中的困难，让学生在模拟情景中练习表达，学习对话。

鲁荣幸　做一个快乐的“播种者”

鲁荣幸

1999年7月起任教于阳江市第四中学，2009年12月被评定为地理中学一级教师，2016年本科毕业于东北师范大学网络学院地理教育专业。2020年9月开始在阳江市特殊学校跟岗学习。参与市级优秀课题“创建活力课堂，促进学困生转化”研究。正参与江城区特殊教育学校第一个成功立项的区级课题“优化康复训练，促进培智生肢体发展”研究。2015年8月在阳江市“一师一优课、一课一名师”录像公开课比赛中，我的《澳大利亚》一课获得一等奖。《浅谈情境设计如何有效地提高培智生的生活适应能力》，在江城区2020—2021学年度教育教学论文评选，获得一等奖。《浅谈如何有效地管理班级》，在江城区2021—2022学年度教育教学论文评选中，获得三等奖。

播种希望，静待花开

时光如白驹过隙，岁月飞逝，不知不觉，我已在教师这个行业里默默地耕耘了23个年头。回首这么多年的教师生涯，在与孩子们相伴的每一个日子里，我都感到幸福，心中总是装着满满的快乐。我一直用我的真心、真情，从事着阳光下最为纯洁、最为灿烂的事业。

回想起20岁的我，带着梦想，踏上了自己的人生历程——做一名光荣的教师。苏霍姆林斯基说："教师应该热爱学生，把自己的整个心灵献给学生。"人民的好教师吴铃说："我没有理由挑选学生，只要坐进我的教室就是我的孩子，我就要对他的人生负责。"参加工作初始，大家就告诉我：应该如何面对自己的学生，给他们的应该是什么。

虽然做足了心理准备，但稚气未退的我真的第一次踏上那朴实厚重的三尺讲台，来到学生们中间时，我是极忐忑不安的。我清楚地记得第一次走进教室时，因为我教的是初中地理，所以班上很多学生个头比我还高。看着这些学生可爱的笑容，一双双清澈的眼睛，我心里有些慌乱，急切地问自己：你能教好他们吗？能为他们的成长引路吗？能担得起他们的期望吗？但是，我的慌乱在学生们那亲切的"老师好"中慢慢烟消云散了，学生们的笑脸让我坚定了决心，鼓起了勇气，走上了讲台。

在那时候，我无比清晰地知道，我要做一个有情怀的老师，我要把课堂变成有温度的课堂。这个信念，激励我站在三尺讲台上，抛洒一腔热情，努力上好每一堂课。

从那以后，我告诉自己，一定要爱每一位学生。在教学中，我细心去观察每一位学生，用赞美的话去爱每一位学生，用责任心去引导每一位学生。不管在什么场合，绝不能说挫伤孩子自尊心和积极性的话，我牢记这一点。

但万事起头难，我没有经验，就凭着一腔热血，结合自己学生时代的体验，走上了课堂。那时自己还很年轻，没有经验，对教材研究得不那么透彻，把握得不那么准确，教学效果不那么如意。

为了尽快地提高自己的教学能力，我不断地向老教师请教，积极地听有经验的教师的示范课。课后和同科教师研究，快乐地置身于这种学习之中。我不断地向别人学习，研究自己所教的课程，研究学生学习的特点，在课堂中不断实践，不断总结，使自己的教学水平不断提高。我知道，只有虚心求教、博采众长，才能提高自己的教学水平。

我坚持网上学习，认真观看专家的教学视频，学习各位名师的优秀教案和教学方法，解决自己在实际教学中遇到的疑难问题，使自己在师德修养、教育理念、教学方法等各方面能有提升，促使自己在驾驭课堂、把握教材、突破重难点、交流沟通、教学设计、教学反思等方面的技能继续提高。

随着多媒体技术的发展，我们的课堂经常要使用各种多媒体资源。为了提升自己，我积极参加各种学习，加强业务进修，主动关注国内外教育信息，通过阅读教学刊物、学习多媒体技术、观摩课例、听讲座等，汲取信息技术学科的新知识，掌握新理念，利用信息技术手段辅助教学，使自己的教学能力不断提高。

经过长久的努力，我的教学水平有了相当大的进步。在后来的示范课中，同事对我的教学水平有了更好的评价。在那一刻，我才感受到自己的功夫没白下，不知不觉中有了自己的教学方式。在那一刻，我才感觉到有一点成就感，不会误人子弟。当然，这只是我教学生涯“万里长征”走出的第一步，所以，一直以来，在自己的工作中，我保持学习的习惯，时刻提醒自己：“吾生也有涯，而知也无涯。”

在教育工作中，我始终把热爱学生放在首位。我所教过的学生，无论成绩好坏，我一视同仁，有了这种心境，师生之间就能处于一种和谐的状态，许多事情便迎刃而解。2017—2018学年，我接管八（7）班，这个班刚接手时是出了名的散、乱、差，整体素质不高。我深入了解学生个性，发掘同学的优点，坚持用爱心、耐心、责任心重塑他们的精神家园。白某、黄某等学生，吸烟，无心向学，夜不归家，处于“流生”边缘。我对他们不离不弃，用谈心、陪伴、心理辅导、团队辅导等多种方式，使他们转变心态，成功完成学业，进入高中就读。

从我参加工作开始，我一直在阳江市第四中学担任地理学科的教学任务。后来，由于我区教育事业的需要，我勇敢地承担起到小学轮岗交流的工作任务。

不管在哪所学校教书育人，我始终尽心尽责，以“爱心、耐心、细心”贯穿始终，力求让学生在“宽松、探求、竞争”的氛围中茁壮成长，注重行为规范和养成教育，尽力做到“四个树立”：尊重学生——树立平等意识；帮助学生——树立服务意识；影响学生——树立师表意识；相信学生——树立民主意识。在育人工作中，我做到了两个字：“爱”和“严”，把“以人为本，用心热爱”作为自己的教育理念，以理服人，以情感人，当学生的良师益友，建立民主、和谐、新型的师生关系。严是爱，关爱是最好的教育，在对学生关心爱护的同时，不忘对他们严格要求。在平时的工作中，细心观察，发现了学生的错误，坦诚地交流，学生是能够接受的。我对不同类型的学生采取相应的方法，做好思想教育和疏导工作。

通过多年来的教育实践，我觉得可以把教师的角色总结归纳为以下几点：

第一，教师是学生学习能力的培养者。教师不能把知识的传授作为自己的主要任务和目的，而应成为学生学习的激发者、辅导者，是学生各种能力和积极个性的培养者。教师要把教学的重心放在如何促进学生的“学”上。

第二，教师是学生人生的引路人。引导学生学会观察、分析、思考、自我调适、选择，从而使他们自己明白事理。

第三，教师是教育教学的研究者。提倡“行动研究”，不脱离教师的教学实际，为解决教学中的问题而进行研究。

第四，教师是课程的建设者和开发者。教师要具有开发校本课程的能力。

多年来，我紧跟时代的步伐，不断更新教育观念，全面了解教育新动态，努力使自己的思想觉悟、理论水平都得到较快的提高。

我在教学中积极探索有效教学模式，提高课堂效率，追求“学术型教师”的教学境界，把“读书是积累，教书是实践，写书是升华”作为自己的教学人生信条，努力提高教育教学水平。我努力吸收外界的信息和知识，让自己永远处于“活水”中。

2021年，我有幸成为广东省刘少敏名教师工作室的入室学员，与一群优秀的小伙伴同行，让我在教书育人的岗位上更有底气地迈着坚实的步伐。

我以“一个教师的十二项修炼”作为自己的修炼准则：

修炼自我的声音，让它引人入胜；

修炼自我的语言，让它妙趣横生；
修炼自我的眼睛，让它传神丰富；
修炼自我的表情，让它神采飞扬；
修炼自我的行为，让它规范专业；
修炼自我的学识，让它犹如泉涌；
修炼自我的脾气，让它逗人宠爱；
修炼自我的独特，让它鲜亮唯美；
修炼自我的心灵，让它平和秀丽；
修炼自我的气质，让它超凡脱俗；
修炼自我的灵魂，让它崇尚圣洁；
修炼自我的人生，让它阳光美好。

“起始于辛劳，收结于平淡”，是对我们教育工作者人生现实的写照。史烟飘过，回看今天，我无怨无悔。走上三尺讲台，教书育人；走下三尺讲台，为人师表。虽感忙碌而辛劳，但每天沐浴着太阳的光芒，呼吸着雨露的清香，在那些活力四射的孩子身上感受着生命的神圣与美丽，或许我干不出惊天动地的伟业，但追求本身就是美丽的。只要我们心中依然装着美，追求着美，我们就是美丽的。

民主平等，简约风趣，思想自由

“以智慧教书，用情感育人”，这是我走上教师这份工作时的座右铭，也是我为了喜爱的教师职业而奋斗一生的追求。在我的教学生涯里，我参加过很多的培训和学习，也参加过很多的专家讲座，每一次都能让我有新的收获。一些名师的教学风格让我着迷：有的喜欢旁敲侧击，不断启发；有的喜欢开门见山，拨云见日；有的在课堂上一言九鼎，如同知识的化身，让学生默然叹服；有的是和风细雨，如同朋友般，与孩子们融为一体；有的朴实无华，能将复杂的问题简单化；有的巧妙设计，引导学生对简单的问题进行深入的思考。教学风格没有好坏之分，只有运用之妙，教学风格应是多种多样的。只要有利于学生对知识与技能的掌握，有利于学生心智的开发，有利于促进学生思维与情感的发展，那么不管采用什么样的教学方法、形成什么样的教学风格，其结果都是好的。

那么，我的教学风格是什么呢？什么样的教学风格才适合我呢？回首自己的历程，从第一次踏上讲台的忐忑不安、初出茅庐的稚嫩与青涩，经历过失败和挫折，经过在教学中的探索与努力，再到现在的平和与自信。我不知道自己的教学风格是怎样的，依稀记得朋友或同事告诉我：“某某同学应该是很喜欢你的吧，几乎天天一下课就跑来找你。”“某某同学很喜欢你的课，甚至在家里学着你的语气与模样在表演。”我沉下心来思考：如果这种影响算是风格的话，那么应该是因为我一直在教学中尝试创设一种“民主平等，简约风趣、思想自由”的氛围。这可能就是我的教学风格吧。

一、民主平等

我喜欢和孩子们待在一起，喜欢坐在孩子中间，而不是站着：站着产生的是一种高度，而坐着能保持一种平等。我喜欢和学生一起讨论，不怕被学生反驳，因为我觉得学生一旦有自己的思考和见解，更有利于我培养他们独立的思想和人格。不论是在课堂上还是在课外，不管是做班主任还是做学科教师，我都力求与学生建立一种民主平等的关系，因为我认为所有教学活动都是师生的双边活动，只有双方都积极参与，教学相长，才能提高课堂教学效率。

现在的孩子都是很聪明的，学习成绩只是表现的一个侧面，不能对一名孩子轻易地下“好”或“不好”的结论，我赞同“多元智能理论”，认为孩子的创造力不仅仅表现在某一方面。在课堂上，我除了讲授基本的知识与技能外，最重要的事情是鼓励每一位学生，让学生展现，与学生交流，在这个过程中，不以高高在上的老师自居，低下身来，侧过耳去，走到他们中间，与前后左右的孩子一起说、一起乐、一起听，与学生进行最自由的、最真实的对话，肯定每一位同学的努力，往往在这种平等交流的过程中，学生的思路被激活，学习动力被激发。

“亲其师，信其道”，学生亲近你时，会亲近你所教的学科知识，会在不知不觉中学好这一门课。我们所要做的，就是拥有真正的民主与平等的情怀。

二、简约风趣

我喜欢探索事物的本质。很多复杂的行为背后都有极其简单的原因。

达·芬奇说：“简约是最终的成熟。”我认为课堂教学就要删繁就简，凸显朴实的品格，彰显简约之美，促进学生的和谐发展。在课堂上，教学环节设计应具有明确的目的性，要梳理教材中核心的内容，教学过程要突出学习的主干。

莎士比亚说：“简洁是智慧的灵魂。”我希望我的教学能影响学生，让他们明白简约其实不简单的道理。

与此同时，在抓住本质的过程中，我努力以一种风趣而幽默的方式进行课堂教学。

在课堂上，我经常从教材的内容和特点出发，通过有趣的问题、生动的小故事等导入新课，唤醒学生“乐学”的内在动力；力争以诙谐的语言（特别是抑扬顿挫的语调）来说清问题、阐明道理；总是把一些问题与他们身边常见的事物结合起来，形成反差，达到目的。

在课堂上，我随时可以变身为小鸡、小狗、法国人、英国人、大西瓜、大苹果，让学生在宽松而快乐的环境中，学到知识，掌握技能，有所感悟和思考，受到情感熏陶，真正做到“玩中学，乐中学”。

三、思想自由

老师能够吸引学生，有很多原因。年轻、幽默、讲课好、会管理、爱他们、教学成绩突出，甚至是形体美、会打扮等，这些都可以成为他们喜欢某一位教师的因素，进而由喜欢到崇拜。但我更追求做一名有思想的老师。正如苏霍姆林斯基说：“让鲜明的思想、生动的词语和儿童的创造精神来统治学校的王国。”

有思想的老师，会让自己的生活，特别是精神生活，变得更丰富、更有品位，使我们有自己独特的灵魂；有思想的老师，会对学生的心灵有一种自觉而又自然的引领；有思想的老师，能够影响学生的一生。

所以，我首先要让自己不浅薄，要使自己的文化底蕴丰厚；其次要让自己不闭塞，拓宽自己的学问视野；最终要让自己不简单粗暴，要陶冶自己的道德情感。

要想成为一位有思想、有魅力、能吸引学生的老师，首先应是一个完整的人，是一个爱国、爱家的人，是一个性情中人，而这一切都离不开读书、学习和思考。老师要不断积累专业及其他领域的知识，才能从容不迫地面对复杂多变的教育教学工作，才能以最好的方法解决每天不断涌现的新问题。

我个人教学的主要特点大致就是以上三点。风格即人格，新课程改革在不断走向深入，我只有不断地学习，不断地突破自己，完善自己的人格，教学风格才能日趋完善，才能够在教学的漫漫求索中奋进。

培智学校生活适应《我会用筷子》教学案例

【教学内容分析】

《培智学校义务教育生活适应课程标准(2016年版)》课程目标指出“低年段要具有基本的个人生活所需的自理能力,初步形成良好的饮食、卫生习惯”。用筷子进食是我国的传统习惯,也是基本的生活技能。学会用筷子夹食物,不仅可以训练学生的手指精细动作,而且能够训练学生的专注力。

本节课内容结合课程标准及学情而拟定,目的是通过练习使用筷子,帮助学生提升个人生活自理能力和提高认知、语言、动作、沟通交往能力,促使他们身心健康发展。

【学情分析】

本课的教学对象是启智二年级学生,本班有8名学生(4名男生,4名女生),其中智力障碍学生5名,自闭症学生3名。根据学生能力程度,分为A、B、C三组。

A组学生(两名)会使用筷子,认知能力较好,动手能力较强,语言表达能力较好,能积极主动完成教学目标。

B组学生(3名)会用条状的物品戳食物,认知能力较差,动手能力较差,表达能力较差,需要辅助。

C组学生(3名)在辅助下能使用条状的物品戳食物,但成功率不高。注意力容易分散,课堂参与度低,基本没有语言能力。

【教学目标】

课程目标:

1.具有基本的个人生活所需的自理能力。

2.初步形成良好的饮食、卫生习惯。

单元目标：

1.1学会自己进食。

1.2认识一些常见的食物。

2.1养成饭前便后要洗手的习惯。

2.2知道变质的食物不能吃。

周目标：

1.1.1了解常用的进餐工具。

1.1.2学会用筷子进食。

1.2.1认识常见的水果。

2.1.1知道饭前便后要洗手。

2.2.1明白变馊的食物不能吃。

班级课时目标：

1.1.1.1认识筷子。

1.1.2.1学会拿筷子。

1.1.2.2使用筷子夹起食品。

个性目标：

A组能使用筷子夹起指定食品，并能主动说出“我夹到了……”，能协助老师辅导B组学生。

B组能在辅助下使用筷子夹起食品，在引导下能说出“我夹到了……”，在引导下能表达出自己的需求。

C组能在辅助下使用筷子或其他工具夹起食品，在引导下能指出筷子或食品。

【教学重难点】

重点：如何使用筷子。

难点：使用筷子夹起物品。

【教学方法】

直观演示法、情境教学法等。

【教学资源】

PPT、筷子、纸碟、花生、豆子、葡萄、小番茄、饼干、免洗洗手液。

【教学过程】

一、准备环节

1. 师生问好，课堂常规教育。

2. 播放提前录制的聚餐视频，结束画面停留在一双握着筷子的手上，老师出示实物“筷子”，引出传统饮食工具“筷子”字卡。

3. 引导学生分享自己和家人聚餐时的情景，引出课题“我会用筷子”，并板书。

【设计意图】课前常规训练，帮助学生建立课堂规则，养成良好的学习习惯；将与学生生活相关的视频导入新课，教学内容生活化，激发孩子们的学习欲望。

二、发展活动

构建新知：

1. 播放使用筷子的视频。

师：我们一起来看看怎样使用筷子吧。

2. 教师示范使用筷子。

师：同学们，看看老师是如何使用筷子的？

3. 教师引导学生思考吃饭前要做什么？（洗手。）

协同教师分发免洗洗手液，让每一位学生洗手。然后分发筷子。

4. 教师分步示范动作，播放PPT，学生练习拿筷子动作。老师指定A组学生协助B组两名同学。老师巡回检查并进行个别指导。

5. 教师根据学生的程度发放纸碟、豆子、花生或火腿条，让学生练习夹物。学生根据老师指令，夹起相应的物品，并说出“我夹到了一个……”

游戏巩固：

1. 比一比，谁夹得快。（A组学生比赛）

2. 乾坤大挪移游戏。（A组协助B、C组学生夹不同的物品，难度根据学生的程度分类。）

3.“我要吃”，准备三种不同的食物，让孩子先选择最想要的，并主动地表达出：“我要吃……”之后，用筷子夹起食物放进嘴里。根据学生能力高低给予不同的辅助。如学生无法使用筷子，可引导想其他办法，训练发散性思维。

【设计意图】通过观看视频，初步了解如何拿筷子，引导学生养成讲卫生的好习惯。通过教师示范、学生练习、小组协助学习、教师个别指导等方法，帮助学生掌握使用筷子的方法。同时，在游戏活动中练习操作，让学生获得成功感，及时给予适当的激励，激发学生自主表达和沟通的愿望，增强学生的自信心。

三、综合活动

1.课堂小结。

师：同学们，你们用筷子吃到了自己喜欢的食物，开心吗？今天，我们学习了怎样使用筷子，以后大家要经常使用筷子吃饭，与家人一起分享美味的食物。

2.布置作业。

【设计意图】回顾本节课的内容，让学生进一步了解所学的内容，有助于记忆。通过布置作业，让学生在家庭和生活中巩固和泛化，有助于知识的迁移与运用。

四、板书设计

我会用筷子

筷子　　夹（花生）

（　　）

【教学反思】

亮点：

1.教学设计层层递进。

老师用多媒体视频播放、PPT课件导入课堂内容，用略带夸张的肢体表演方式带动学生，很快将学生的注意力转移到课堂上来。

2.善于利用信息技术进行课堂教学。

教师充分利用希沃教学一体机、PPT课件、播放软件等信息技术进行课堂教学，开展学习活动，激发了学生学习的兴趣，让课堂教学变得轻松活泼。通过各种信息技术手段调动学生学习的积极性、主动性和参与性，使“要我学”转变成“我要学”。

3.师生分工明确，课堂气氛活跃。

在整个课堂教学中，老师始终是教学的组织者、引导者、参与者，学生是教学的主体，展示了师生互动、生生互动的场面，课堂气氛活跃，达到老师预期的效果。

不足与反思：

1.教学语言要加强规范。

偶尔出现方言式的普通话，如没有必要，则需要克服。

2.分层教学不够细致。

需强化鼓励B层和C层的学生踊跃参与课堂。

3.发展学生思维不足。

使用筷子并不是进食的唯一方式。有些肢体能力差的孩子使用筷子确实存在一些困难,在课堂上需要拓展其他的方法,如可以使用勺子,也可以使用叉子,甚至可以使用牙签,从而发展学生的开拓性思维和创新性思维。

李金丽　每个特殊孩子都是一朵迟开的花

李金丽

广东阳春人，1983年生。2006年专科毕业于南京特殊教育职业技术学院，2012年本科毕业于华南师范大学。现执教于广东省阳春市启智学校，特殊教育一级教师。先后获得县级优秀教师、县级教书育人先进个人等称号。主持或参与省级、市级课题2项，在特殊教育多媒体课件评比活动中获奖。多篇教育教学论文、师德征文在市、县论文评比中获奖。

一路探索，一路成长

一、初出茅庐，夯实基础

我刚毕业，就到广州市孤独症康复研究中心工作。这是一所专门招收孤独症学生的学校。那时我刚从特殊教育学院毕业，踌躇满志，正准备大展拳脚、大干一场，谁知刚上班一周，人就被打击得垂头丧气，备受煎熬。十几年前，国内对孤独症谱系障碍患者的研究刚起步，对该障碍的成因不明，使用什么有效方法去矫治存在很大争议。这些孩子差异性极大，班上有的学生狂奔出去，有的学生尖叫，有的拍桌子，有的掐人……几乎是一人一个特征，一人一个世界。刚上课时没什么经验，一天下来，不是追学生追得气喘吁吁、喊学生喊得喉咙沙哑，就是满手被掐到青色。那时我才真正体会到“书到用时方恨少”的真谛。

不想疲于奔命，只能设法改变，于是我立马调整状态，开始学习相关专业知识，图书、报纸、杂志、互联网信息，多管齐下。学校注重教师的专业发展，经常邀请国内外专家到校给我们进行专业培训，每次培训都要进行实操或总结反思，还定期进行专业知识考评，进行排名，我丝毫不敢懈怠，一直保持学习状态，甚至有同事开玩笑说，我连做梦都在给学生发指令。但是也真的很感激那段紧张、忙碌而充实的日子，为我奠定了专业知识的基础，让我养成了这种一边工作一边学习思考的习惯，知道专业知识的重要性，明白只有业务能力过硬，才有底气去面对教学工作中的各种突发状况。

二、中途转场，快速成长

我现在就职的阳春市启智学校是2014年9月开办的，算是比较年轻的一所特殊学校，教师们的整体素质较高，大部分年轻教师都有积极向上的专业追求，这样的氛围，激励着我要不断学习，不断超越自己，追求更高的专业水平。学校非常注重教师的专业成长，只要有机会就会派教师外出学习交流，我非常荣幸曾经有机会参加广东省的骨干教师培训，通过为期半个月的集中培训和跟岗学习，以及一个月的线上研修，收获满满。每次听专家学者们的精彩讲解，都有醍醐灌顶的感觉，内心很受触动，自己也不断地去思考总结，再运用到教学活动当中，不断去内化。

新办的学校，有新的机遇，也有新的挑战。因为校领导的重视和信任，我被安排担任一年级的班主任，主要教生活语文。当时一年级的大部分学生没有接受过任何的教育或康复训练，家长对学校和老师半信半疑。学生的总体程度是中重度，类型包括智力低下、唐氏综合征、脑瘫、孤独症、多重障碍等。不同类型的学生在一个班，学习能力参差不齐，大部分学生没有语言，个别自闭症学生有语言，但鹦鹉学舌，没什么有效语言。我要面对这样的班级，真的是巨大的挑战。但是我还是坦然接受了，想办法把他们带好。

于是我又从头开始，放低姿态去学习，翻阅资料，观看别人的优秀微课、课例等。“知己知彼，百战不殆”，我知道要上好一节语文课，先要备好课，要备教材，更要备学生，于是又把大部分时间用在了解学生的基本情况和学习特征等方面，了解了他们的最近发展区、兴趣点在哪里，选择适当的教学内容，再有针对性地制定个别化的教学目标，设计适宜低年级的课堂活动。学生慢慢地能适应老师的节奏了。原先满场跑的学生能安坐着听老师讲课，原先不吭声的学生会跟着老师一起互动，原先害羞的学生成了老师的小助手……学生的每一点进步，都让我倍感欣慰。低年级班主任的经历和生活语文的教学，让我收获良多，积累了许多宝贵的教学经验，我在摸索的道路上慢慢成长。

三、名师指点，走出困惑

2017年开始，学校安排我兼任教导处的工作，意味着我不仅要上一个班的生活语文课，而且要兼顾整个学校的教育教学工作。刚开始的时候，我很不适应，总是会从一名普通老师的层面去思考、解决问题，就是大局意识还不够。那就跟着前辈学习，花了很大力气，也花了很多时间，慢慢地能完成各项教务工作。我努力培养年轻教师，尤其是对刚入职的年轻教师，在她们赛课、评比的过程中尽自己最大的努力协助她们。我自己有时候也会困惑，其实自己就是一名普通的教师，教师的本职工作就是课堂教学，课堂才是我的主阵地，自己常常会因为繁杂的教务工作而无法静下心来钻研教学，其实这偏离了我的初衷。备好课、上好课，这应该是我的工作常态，而且想要给年轻教师做好表率，自身的教学业务能力要过硬，才有底气给年轻教师更好的指导。

特别幸运的是，2021年，我加入了广东省新一轮（2021—2023年）中小学特殊教育刘少敏名教师工作室，多次听特殊教育专家学者的讲座，学习了许多先进的特殊教育理念，也听到长三角、珠三角等不同地区培智学校教师分享的精彩课例，学习了如何做课题申报、写论文、课堂观察等。我得到了导师的精心指导，与粤西地区各特殊学校的同行互相学习、互相鞭策，从语言上的交流到思维上的碰撞，自己的特教专业理论知识得到更新。看到不同地区老师如何根据新课程标准设计课堂教学，增长了见识，找到自身的差距，幡然醒悟：原来自己上生活语文课的时候，运用的方法太单一了，想得不够周全，应该多创设合理情境，多把信息技术适当地运用到课堂教学中，以此提高学生的兴趣，从而提升课堂效率。

四、引领示范，以研促教

“打铁还需自身硬”，只有自身的专业素养过关，才能起到引领示范的作用。我今年带了两名青年教师，按照制度要求，一起拟定培养计划，一起分享阅读，互相听、评课，尤其要对青年教师的课进行分析、点评，给出建议。当中一位教师接到任务，要在校际交流中出一节生活语文课，于是找到我商量。她提了几个想法，每个都有优缺点，无法确定下来。作为一名新教师，第一次面对这么大的挑战，其实我都替她捏一把汗，因为她没有上过这个年级的课，对学生不熟悉，对教材也不熟悉。我鼓励她，跟她说上校际交流课对她成长大有好处，然后与她一起分析学生情况、选取教学内容，她制定目标、设计课堂活动之后，我们磨课，再讨论、修改，最后呈现出了一堂还不错的公开课，得到大家的肯定，当然也还有一些不足的地方需要提升。虽然不是我自己上公开课，但是在磨课当中自己也有很多收获。而且看着自己指导的青年教师得到成长，我很有成就感。在指导青年教师的过程中，有思维的碰撞，感觉自己也得到了成长和提升。

为解决我们教学中遇到的问题，在校领导的带领下，以问题为导向，我校开展全校教师参与“培智学校生活化主题整合教学模式的实践研究”课题，我作为第二成员，负责生活语文方面的实践研究工作。我带领成员，积极开展生活语文教学的集体备课、上课、听课、评课等活动，根据培智生生活语文新课程标准，将内容细化，落实到课堂教学中。根据我们的本土文化，结合学生的生活实际、学习情况，制作了我校一年级生活语文上、下两册校本读物，作为国家教材的补充。在做课题的过程中，发现问题，解决问题，从中经历了很多，学习了很多，也得到了巨大的提升。以教促研，以研促教，教学相长，大家共同成长。

十几年的特殊教育工作经历，不同的年龄、不同的阶段、不同的感受，一步步走来，在培智生生活语文教学方面探索，从未停下脚步：一路教，一路学，一路成长。

尊重差异，朴实自然

每个教师都有不同的教学风格，有的激情昂扬、有的平和浸润、有的细致严谨、有的亲切自然……参加工作室以前没想过教学风格的问题，感觉是很高深的事，是需要仰望的存在。参加了工作室，这才发现，我从事特殊教育以来，一直在专业的道路上探索求真，经过多年的磨练，慢慢沉淀，渐渐有了自己的教学风格。我的教学理念就是尊重差异、朴实自然。

一、尊重差异

德国哲学家莱布尼茨说过："世上没有两片完全相同的树叶。"培智生更是如此，都有个性，我在教学中遵循的是尊重差异，进行个别化教育。个别化教育植根在对学生个性尊重的基础上，以学生为中心，关注每个学生潜能开发、个性发展的教育。它既是一种教育实践活动，更是我教育教学工作贯穿始终的理念。

（一）接纳差异，转变态度

智障儿童在情绪、认知和行为方式等多方面与正常儿童不同。例如，智障儿童注意力分散，不易转移或者分配注意力；感知、记忆慢；语言、思维简单，无独立性思维；感情发育迟缓；等等。但智障儿童因其智力障碍程度、家庭背景、生活环境的不同，性格、学习能力、生活认知能力、生存能力等都存在很大的差异。我们首先要理解、接纳他们的个性差异，才能更好地开展教学。

（二）根据差异，因材施教

培智生教学是"以生为本"，因此，先要备学生。教师要了解学生的障碍类型。班上学生有智力低下者、唐氏综合征者、脑瘫者、孤独症者，分别是多少人，他们跟生活语文学科相关的认知、语言、精细动作能力处在什么水平，了解他们的性格、兴趣、学习风格，了解他们亟待解决的问题等。

一个班级十几个孩子，往往相差甚远。他们有的动手能力尚可而语言能力较差，有的语言能力较好而记忆力、书写能力较差，因此对每个学生在每学年、每学期甚至每节课都要根据其现有发展水平、个性特点、兴趣爱好等制定出相应的个性化的教学目标。在课堂教学过程中，要关注到不同层次的每个学生，尤其是C组能力比较弱的学生，更应该给予更多的、适宜的协助。教学方法不是千篇一律的。在巩固练习环节，我通常会设计不同的游戏给不同程度的学生去完成，让每个学生都有事做，让每个学生在课堂上都有收获。在课后我布置作业尽量做到不同程度的学生都有适合自己的作业。

（三）明确目标，分层教学

备教材是培智生生活语文尤为重要的一点。目前教育部编制了培智学校义务教育实验教科书，但是，如果直接拿来上课，会发现根本无法适合所有的学生。因为每个学生的差异性太大，而且每个地方地域文化不同，很难完全按教材实施，所以教师必须要将国家教材校本化、班本化，改编适合本班学生的教学内容。如备《我的家乡》一课，不能用教科书上的素材，教师要选择本土化的贴近生活的素材，如东湖公园、崆峒岩等学生熟悉的素材，才能让学生容易理解和接受。

了解了学生的学习情况，选好了内容，制定明确的课堂教学目标就是提高课堂教学有效性的重要环节。设计课堂目标时，不能“一刀切”，也不能笼统地照搬课程标准，要将课程标准层级化，细化到具体、可操作、可量化的小目标。根据学生的个人能力，将课堂目标分层，使学生达到不同层次的目标，让每个学生都能参与课堂教学，体验学习的乐趣，收获点滴的进步。

二、朴实自然

在多元智能理论、生活教育理论及其他现代教育思想的指导下，将课堂教学植根于丰富的生活，激发学生作为生活主体参与活动的强烈愿望，自然而然地将教学目标转化为学生这一生活主体的内在需要。顺应学生天性发展的自然历程，遵循学生的身心发展规律，用朴实无华、亲切自然的语言让学生更易理解、接受，学有所获。

课堂教学是一门艺术，培智生生活语文课堂教学更需要艺术。培智生的认知理解能力较弱，对语言理解表达能力也较弱，不一定要全靠华丽精美的多媒体课件，搞分组讨论，培智生不一定能得到收获。对于培智生的指令，要简明扼要、朴实无华。可以精心设计一些课堂游戏，寓教于乐，让学生参与轻松愉悦的游戏，在短时间内高度集中注意力，在身心愉悦的状态下学有所得，在欢乐的游戏氛围中身心缺陷得到补偿，潜能得到挖掘。如在识字教学中，可以设计“送字宝宝回家”“摘苹果”等简单的游戏，让学生在相应的活动中顺其自然地进入老师预设的教学氛围，更有兴趣、更有效地掌握所学的生字。

激趣导入是课堂教学的重要环节，良好的开端已经迈向成功的一半。导入环节是为了让学生更有兴趣、更快进入学习情境。智障生由于身心障碍，很难像普通学生那样主动跟随教师的节奏，他们缺乏主体学习的动机，注意力不容易集中，需要教师想办法引起他们的注意力，激发他们的学习动机。兴趣是最好的老师，因此教师要巧妙导入，激发学生的兴趣。我在教学中经常会用到谜语导入法、绘本导入法、音乐导入法、游戏导入法、多媒体导入法等。在教学《手》一课时，我运用了多媒体导入法，通过多媒体播放儿歌《小手拍拍》，和学生一起边跟唱边做相应的动作，以此激发学生的兴趣，调动学生参与课堂教学的积极性。

在教学中，结合学生面临的实际生活情境，对教材中的教学内容进行适当的调整、取舍，使教学内容更贴近学生的生活。让学生处于一种真实自然的生活情境中进行学习，或在课堂上创设生活情景，这与老师单调乏味的讲解或多媒体课件呈现的场景相比较来说，更能激发学生的学习兴趣，同时增强了他们对认知事物的感知效果，让他们自然而然丰富了生活经验。如教《我的学校》一课，可以在自然真实生活情境中，让学生通过亲身经历，更加深刻地理解学校场景及学校里的老师、同学们，从而更好地适应学校的环境，适应学校的学习生活。语文学习的很多内容，是从生活中来，并最终掌握了语文知识，运用到生活中去。

教育家华特指出，语文的外延与生活的外延相等。学校发生的所有故事，都可以当成学生学习的素材。老师要鼓励学生读书看报，经常接触生活，积极参与集体生活、社会实践。例如：某位学生乐于助人的事，自己的体育活动，都可以让学生运用字、词、句去表达。看似朴实无华的一些方式方法，其实能收到意想不到的效果。

在教学评价中，在关注学生学习情况过程中，也要不断激发学生更深层次的潜能，要用朴实无华、亲切自然的话语，帮助学生认识自己，不断树立其信心，促进学生全面发展。注重平时日常的考察，可以观察课堂上学生的一些学习状态和行为表现，及时了解学生的学习情况，还可以通过课堂和课后的作业、期中和期末的书面考核，通过学生自然状态下的反应，来检测其掌握某知识、某技能的程度。同时老师要记录和捕捉学生生活的点滴进步，采取激励措施，肯定学生所取得的进步，让学生保持良好的学习动力。

我感觉，只要是有利于学生掌握知识、技能的，有利于促进学生身心发展的，都是好的教学风格，但也有高明、巧妙之分。我虽然厘清了自己的教学风格，但在实际教学中还是会遇到许多困惑，希望在导师的引领下，不断学习、不断反思、不断改进。简单的事情重复做，重复的事情用心做。道虽阻，行则将至；事虽难，做则必成。

培智学校生活语文《大人小孩》教学课例

【教学内容分析】

本课内容选自人民教育出版社培智学校义务教育实验教科书《生活语文》一年级上册第三单元第8课。课文部分呈现大人带着孩子在公园里放风筝的画面，展示了学生熟悉的生活场景，贴近学生的日常生活，画面下面是词语和生字。练习部分是听指令指图片，认读生字，跟读词语初步理解词语及模仿说句子。课文中出现的图片都是不同的生活场景、不同人物的衣着外貌，从视觉方面引导学生区分“大人”“小孩”。通过图片观察、游戏操作等方式，提高学生善于观察、动手动口的能力。知道要尊敬长辈，同学间要互相友爱、互相帮助，做一个懂事的孩子。

本课是在《爸爸妈妈》之后，《我的房间》之前，在本单元起到承上启下的作用。本课教学时数分3课时，本节课是第1课时。

【学情分析】

本班共计11名学生。4名自闭症学生，7名智力障碍学生(其中2名脑瘫学生、2名唐氏综合征学生)，以机械记忆为主，认知能力、表达能力、学习特点差异性较大。

小权：具有一定的认知基础和相应的生活感性经验，基本能听懂生活中简单的句子，记忆力较好，会用短语回答问题。

小杰：具有一定的认知基础和相应的生活感性经验，基本能听懂生活中简单的句子，记忆力较好，会用短语回答问题，但发音不清晰。

小婵：具有一定的认知基础和相应的生活感性经验，基本能听懂生活中简单的句子，记忆力较好，但无语言。

小晴：具有一定的认知基础和相应的生活感性经验，基本能听懂生活中简单的句子，会简单回答，但有时注意力会分散。

小朱：认知理解能力一般，会鹦鹉学舌，注意力容易分散，在提示下可以用简单的词进行回应表达。

小熙：专注力、理解能力一般，在提示下可以用简单的词进行回应表达。

小翠：认知理解能力一般，动手操作能力很强，无语言，需要视觉提示或教师动作辅助。

小烽：认知理解能力一般，反应很慢，肢体动作也很慢，无语言，需要教师动作辅助。

小王：认知理解能力较弱，情绪行为问题较多，能发出单音，需要教师口头、动作辅助。

小雯：认知理解能力较弱，有时会模仿说词语，大部分时间需要教师口头、动作协助。

小扬：情绪不稳定，无有效语言，理解能力较差，需要在教师的口头、动作提示下进行回应。

【教学目标】

课程标准：

1.能听懂常用的词语，并作出适当回应。

2.能听懂简单的句子，并作出适当回应。

3.能认读生活中常用汉字10–50个(例如：姓名、校名等)。

4.能从图片中找出熟悉的人、物和生活场景。

5.能用铅笔描写或抄写生活中常用汉字。

单元目标：

1.1 能跟读8个词语“爸爸”“妈妈”“我”“三口人”“大人”“小孩”“房间”“床”，理解词语意思。

2.1 能结合场景仿说“这是_____”“我是_____”“爸爸是_____”“房间里有_____”4个句子。

3.1 能认读汉字“三”“人”“我”.

4.1 能指出图片中的“爸爸”“妈妈”“大人”“小孩”“房间”“床”。

5.1 能用铅笔描写或抄写汉字“一”“二”“三”“人”。

周目标：

1.1.1 能跟读词语“大人”“小孩”，理解词语意思。

2.1.1 能结合场景仿说“我是_____(小孩)”“爸爸是_____(大人)”。

3.1.1 能认读汉字“人”。

4.1.1 能指出图片中的“大人”“小孩”。

5.1.1 能用铅笔描写或抄写汉字“人”。

班级课时目标：

1.1.1.1 能跟读词语“大人”“小孩”，理解词语意思。

2.1.1.1 能结合场景仿说“我是_____(小孩)”“爸爸是_____(大人)”。

3.1.1.1 能跟读汉字“人”。

4.1.1.1 能指出图片中的“大人”“小孩”。

个性目标：

小权：听指令指出“大人”“小孩”的图片；正确跟读生字“人”，词语“大人”“小孩”，并理解“大人”“小孩”的含义；看图正确分辨“大人”“小孩”，并仿说句子“某某是大人(小孩)”。

小杰：听指令指出“大人”“小孩”的图片；正确跟读生字“人”，词语“大人”“小孩”，并理解“大人”“小孩”的含义；看图正确分辨“大人”“小孩”，并仿说句子“某某是大人(小孩)”。(教师口语纠正)

小婵：听指令指出“大人”“小孩”的图片；正确指认生字“人”，词语“大人”“小孩”，并理解“大人”“小孩”的含义；看图正确分辨“大人”“小孩”，比画出“某某是大人(小孩)”。

小晴：听指令指出“大人”“小孩”的图片；正确跟读生字“人”，词语“大人”“小孩”，并理解“大人”“小孩”的含义；看图正确分辨“大人”“小孩”，并仿说句子“某某是大人(小孩)”。

小朱：听指令，在教师动作提示下指出“大人”“小孩”的图片；跟读生字“人”，词语“大人”“小孩”；在教师口语提示下仿说句子“某某是大人(小孩)”。

小熙：听指令，在教师视觉提示下指出“大人”“小孩”的图片；跟读生字“人”，词语“大人”“小孩”；在教师口语提示下仿说句子“某某是大人(小孩)”。

小翠：听指令，在教师动作和视觉提示下指出“大人”“小孩”的图片。

小烽：听指令，在教师动作和口头提示下指出“大人”“小孩”的图片。

小王：听指令，在教师动作和口头、视觉提示下指出“大人”“小孩”的图片。

小雯：听指令，在教师动作和口头提示下指出“大人”“小孩”的图片。

小扬：听指令，在教师动作和口头、视觉提示下指出“大人”“小孩”的图片。

【教学重难点】

重点：学习生字“人”和词语“大人”“小孩”，结合生活场景说词语，仿说句子“某某是大人(小孩)”。难点:理解“大人”“小孩”的含义,能结合生活场景仿说句子“某某是大人(小孩)”。

【教学环境与教学资源】

家长单人照、学生与大人合照。不同场景中的亲子照片,字、词语、句子图片,课件。有生字的骰子。

【教学过程】

一、准备活动

1.组织教学

老师与同学互相问好,约定上课要遵守的规则(安静、坐好、回答先举手)。

2.图片导入

师:出示学生家庭图片,请学生介绍自己的家人。

老师指着图片提问:“哪些是大人?”“哪些是小孩?”

老师介绍:个子高、年龄比较大的是大人,个子矮、年龄比较小的是小孩。

【设计意图】老师与同学互相问好,讲上课的规则,养成良好的课堂习惯;同时,集中注意力,做好上课前的心理准备。导入小环节以学生为主体,用学生熟悉的人物图片,引入主题,激发学生的兴趣,通过问答形式,揭示课题。

二、发展活动

(一)教授新知。

1.读字卡。

老师出示并示范读“大人”“小孩”的图文卡片。

学生齐读、个别读,教师纠正发音。

2.区分不同场景的“大人”“小孩”。

老师出示教室场景PPT,给学生指认。

学生听指令,指出图片中的大人、小孩,并指读词语“大人”“小孩”。

老师出示操场场景PPT,给学生指认。

学生听指令指出图片中的大人、小孩,指读词语“大人”“小孩”,并仿说句子:“某某是大人(小孩)。”

老师指PPT照片,问:“学校里,除了老师是大人,还有谁是大人?”

生:保安、清洁阿姨。(师引导生说出或比画出。)

老师出示超市场景PPT,让学生听指令,指出图片中的大人、小孩。

学生指读词语“大人”“小孩”,并仿说句子:“某某是大人(小孩)。”

3.认读生字“人”。

老师出示PPT,显示生字“人”。老师示范正确读音,学生跟读。

老师讲解“人”字书写笔画。

学生尝试书空。

老师出示PPT,生字“人”可以组词:“大人”“老人”,说句子:“爸爸是大人。”

【设计意图】认读词语,读准字音,为下一步学习打下基础。通过PPT,呈现学生熟悉但不同的场景,让学生从熟悉的自己、家人、老师等入手,逐渐过渡到其他图片,在情境中练习字、词、句。培养学生的观察能力和倾听能力。通过音频、视频学习生字,提高学生的兴趣,培养学生语言理解、表达能力。

(二)巩固练习。

1.玩骰子游戏。

老师示范玩骰子,骰子的每个面上都有一个字、词语。

学生轻轻往前抛,读出朝上一面的字、词语。学生如不会读,请他人领读。

2.找房子游戏。

老师讲解“大人”、“小孩”、两座“房子”,示范将卡片贴到对应的“房子”里。

学生将大人、小孩的图文卡片,贴到对应的“房子”里。

迁移泛化。

老师出示PPT,显示学生与亲戚的场景和生活中常见的有人的场景,让学生分辨或说出哪些是大人、哪些是小孩。

学生说出或指认出大人/小孩。能力好的孩子说出“某某是大人(小孩)。”

【设计意图】利用游戏,寓教于乐,使学生积极参与,亲身体验,让学生在轻松的状态下巩固所学的新知识,让能力好的学生带动能力弱的学生,培养学生间互相友爱、互相帮助的意识。

三、综合活动

1.课堂小结

师:我们今天学习了《大人小孩》。同学们完成了所有任务,表现得都很棒。我们要尊敬大人,小孩之间也要互相友爱、互相帮助,讲文明礼貌。

【设计意图】对本课主题做简要的小结,加深印象。

2.作业布置

师:回家与爸爸妈妈说一说、找一找生活中哪些是大人、哪些是小孩。

【设计意图】学生将课堂知识延伸到课后生活中,“源于生活,回归生活”。

【教学反思】

亮点：

1. 目标明确，体现个性化。本班学生以机械记忆为主，认知能力、表达能力、学习特点差异性较大。根据学生实际情况既制定了班级的共性目标，也为每个学生制定了个性化的目标。本节课基本上按计划完整呈现出来了，各层次的学生基本能完成既定目标。个别学生有惊喜的表现，如小熙在课堂上的回应比较多，能仿说句子“某某是大人(小孩)”，表达句子比之前有进步。

2. 以生为本，体现生活化。导入小环节以学生为主体，用学生熟悉的人物图片，引入主题，激发学生的兴趣。新授过程中，利用学生熟悉的教室、操场等不同生活场景，从学生生活中熟悉的家人、老师等入手，逐渐过渡到其他图片，在情境中练习字、词、句。培养学生的观察能力和倾听能力，学生的学习热情较高，专注度有所提升。

3. 利用游戏，寓教于乐。巩固练习环节设计了两个小游戏，学生的参与度较高。通过玩骰子游戏，学生们自己动手抛出什么字词，就读出相对应的字词，在游戏中反复练习字词；通过找房子游戏，学生们可以练习将相应的图文卡片贴到对应的“房子”里，检验他们理解“大人”“小孩”的含义、分辨“大人”“小孩”的掌握程度。

不足与反思：

1. 教学材料准备不够细致。巩固练习环节用的自制骰子太重了，学生操作起来不灵活，对于小杰和小烽两个动作不太协调的脑瘫学生来说有点困难，而且这个骰子落在地上时声音有点大，需要改成轻巧点的；另外本节课用的生字卡“人”，“大人”“小孩”的图片、文字卡太小了，不方便后面的学生观看，这个就没能更好地发挥视觉策略的作用。

2. 教学过程有点流于表面。教学过程中注重每个学生的不同需求点，各个步骤一一展开，各个环节点到为止，没有特别深刻的地方，感觉没有突出重点。时间分配方面要再进行调整，以更充分地突出重难点。

张奕兰　为蹒跚前行的孩子撑起一把小伞

张奕兰

广东湛江人，1979年生。1998年中师毕业于湛江市幼儿师范学校，2015年本科毕业于岭南师范学院。现执教于广东省廉江市特殊教育学校，小学特殊教育副高级教师。参与县级课题1项。湛江市优秀教师。曾获湛江市计算机教育软件评审活动特教组微课二等奖。在《新教育时代》等期刊上发表论文、随笔4篇。

初心不改，为爱奔跑

24年的风雨兼程，我扎根乡村小学17年，转战特殊教育7年，虽然没有桃李满天下，但依然初心不改，努力奔跑，用爱为蹒跚前行的孩子撑起一把小小的伞。

一、勇挑重担，乐充电

1998年秋，我初为人师，老校长和蔼地对我说："小张，五（1）班的班主任刚好请产假了，你来接手吧，彭老师上两个班的语文太辛苦，你正好可以分担一下。""好！"正所谓"初生牛犊不怕虎"，还没来得及适应从学生到老师的角色转换，我就勇敢地接过了老校长交过来的接力棒。

那时候的农村，学生上学都比较晚，我仅仅比班中的大龄学生大几岁，我既是老师又是姐姐。只要是课间，我的宿舍总会有一群大大小小的学生，有我班的也有其他年级的，他们都来找我，问各种问题、学唱歌、讲故事。一段时间下来，我肚子里的"库存"就吃紧了，真的应了那句"书到用时方恨少"啊。为了不让孩子们失望，满足学生的需求，我只要有空就去向老教师请教，还到处借书看，天天利用空闲时间听收音机学习。同学都笑我入魔了，我却乐此不疲。我坚持不断地充电和积累，专业飞快成长。第二年，校长直接把五年级另一个班的语文课也交给了我，我身上的担子更重了，但那颗好学之心依旧不改，我坚信，只有不断学习，才能为山区孩子的成长撑起一片灿烂的晴空。

二、勇于尝试，乐扎根

2005年秋，小学正式开设英语课，但全镇的小学都没有专业的英语老师。新招的英语代课老师都是香饽饽，我们学校位于偏远山区，没人肯报，校长为此焦头烂额。“校长，要不我去试试吧。”于是，在镇教办举行的英语老师招考现场，出现了唯一在职在编的教师——我。经过层层筛选，我顺利成为一名英语专职教师。

中师毕业后，8年没有什么机会用到英语了，拿起英语课本才知道，原来我的英语知识多已荒芜，上课力不从心。为了能尽快进入状态，我一切从零开始，每天反反复复听录音，学发音、背单词、学语法。功夫不负有心人，2006年小升初考试，孩子们没有被英语拖了后腿，整体成绩在全镇名列前茅，校长紧皱的眉头舒展开了。

之后的10年，即使学校分配来了专业的英语老师，但不管我是担任语文还是数学的教学，校长也一直坚持要我带三年级的英语课，还称赞我说：“你是我们学校的万能胶，哪需要贴哪，你不能丢了英语，说不定哪天学校又需要你担这个重任呢。”我感受到来自领导的信任和肯定。

三、勇于挑战，乐奔跑

2015年秋，我离开了扎根17年的山村小学，转战新的教育领域——特殊教育。

这是一个全新的领域，我只是门外汉，之前积攒了17年的教育教学经验，在这里毫无用武之地。那时候，我们连正式上个课都困难：每天，每节课，孩子们的哭喊声、尖叫声、敲打声……可谓是声声入耳，主宰着课堂的旋律，而我毫无招架之力。3个月下来，班中3位老师的嗓子集体罢工。在困难面前，我们没有退缩，而是选择勇往直前。俗话说得好，没有伞的孩子就要学会奔跑。于是，我们在学校领导的组织和安排下到处求学取经，因为我们知道，面对这些艰难成长的特殊孩子，我们需要快速成长，才能为他们撑伞。湛江、茂名、广州、中山、惠州、顺德……哪里有好的经验、好的教学成果，我们就到哪里去培训、去跟岗学习，还请有经验的同行、专家、教授来学校开讲座，给我们传授经验。我们在奔跑中学习，在学习中奔跑，到处取经。

2017年4月，为了听林丽英教授关于制定IEP（学生个别化教育计划）的课，我独自一人坐下午6点半的汽车奔赴惠州（当时全校老师分批去惠州跟岗学习，我在前一批刚去惠州学习回来，这一批的时间刚好赶上了林教授来传经授道）。凌晨3点，我才安全到达并顺利找到了学校的队伍。第二天开始，连续暴雨，我们风里来雨里去，舍不得错过一节学习专业知识的课。

2017年10月，带着学校领导的期望，我参加了广东省教育厅举办的“特殊儿童心理与教育评估教师培训项目”所有的培训学习，历时两个月。在班中，我年纪虽大却是最懵懂的特教小白。我非常珍惜这次机会，认真聆听专家的理论讲座，与同伴探讨，虚心求教同行，总觉得时间不够用。我需要快速成长。

2019年暑假，为了跟上特殊教育发展的步伐，我主动请缨，到广州跟特教前辈刘劲老师学习融合教育。有人问我：“融合教育还不知道什么时候才能推行，你着什么急？”我笑而不答。因为我知道专业不是需要了才去学，而是有备无患，学习永远不会早。

几年下来，我们跑遍了全省各个有先进办学经验的特殊教育学校，学如何评估学生，学个别化教育计划的制定和实施，学设计与落实教学主题，甚至学自编校本教材。有人说我们在浪费时间。是呀，要想带这些折翼的天使走进阳光灿烂的日子，很难很难，我们也走得很慢很慢，但在我们的努力下，孩子们变得有礼貌了，懂秩序了，能配合老师进行学习和训练了。每个孩子都在不断地进步着，家长的脸上有了笑容，这就是我们坚守初心最好的礼物和动力。

2021年秋，虽然已经满头白发，但我还是保持一颗奔跑的心再度起航，加入广东省刘少敏名教师工作室，成为一名入室学员。在名师的引领下，我和一群爱学习的小伙伴抱团成长，开启了为期3年的学习之旅。我们定期开展线上线下集中研修活动，专家讲座、名师指导、同伴切磋，使我的专业成长“柳暗花明又一村”。每一次研修活动，对我来说，都是一次蜕变。在导师的指引下，我们制定个人成长规划、阅读专业书、研究课题、撰写论文、评“五味课”……一步一个脚印，我的专业成长，慢慢走出了迷雾。

四、勇于承担，乐磨炼

“宝剑锋从磨砺出，梅花香自苦寒来。”从教以来，不管是在普校还是在特校，我每一年都主动承担公开课、示范课，参加竞赛，时刻磨砺自己。

2018年4月，在学校成立后的第一个教学开放周，我作为学校的代表之一向市教研室领导展示了一节主题课《买票》，获得了听课老师的一致好评。

2019年3月1日，我们班接到学校的紧急任务——备好一节生活适应课，代表学校参加3月6日广东省刘少敏名教师工作室及湛江市黄岱名校长工作室的专家诊学活动。我们立即研讨，分工合作：我负责教学设计的编写，姚老师负责设计PPT，陈老师负责制作教具。我们结合校长和其他领导、老师的建议，不断拓宽思路，推敲每一个上课环节，修改再修改，一直到周三上课前30分钟，我们都还在不停地做调整。本节课，我从学生的IEP目标入手，采用分层次设计个别化教学计划，用多媒体教学辅助实操，创设了良好的教学情境，调动了学生上课的积极性，让学生在快乐中学习，在实操中达成了预设的IEP目标。听课老师给予了高度好评。

2020年11月，我再次代表学校与广州天河启慧学校的老师进行《秋天》的同课异构教学。每一节公开课带给我的都是一次思想的碰撞，一次能力的提升。感恩读过的书，走过的路，还有遇到的人：感恩我们班的团队，有她们的合作帮忙，我才能不负重托；感恩学校的领导团队，有正确的指引，我们才能得心应手，更上一层楼；感恩各工作室的团队，有他们的精心指导，我们才能成长，才能走得更快、更远。

五、勤于探索，乐钻研

为了不断提升自己的教研能力，我积极参加课题研究工作。2019年4月，我加入我校陈俏云校长主持的“培智学校中年级生活化主题教学初探”课题研究，负责在本班进行生活化主题教学的研究和实施，帮助学生获得与生活密切相关的知识及在家庭、社区生活必备的技能，提高他们的生活适应能力。我们一起磨课试课，其中《游园前的准备》《分蛋糕》《秋天》《好玩的报纸》等优质课在全校进行了展示和推广，并得到了黄岱名校长工作室、刘少敏名教师工作室、广州启慧学校教研团队及其他县市兄弟学校教研团队的一致好评。在自编教材时，我们根据学生的生活环境和需求而注入地方特色，以学生的实际生活场景为主线，用熟悉的事物激发学生的学习兴趣，全面铺开教学，再以活动统整的方式检验学生的学习效果。

我常常对工作进行反思和总结。我撰写的教学论文《让启智语文教学从生活出发》，获得了“中国梦·全国优秀教育教学论文评选大赛”一等奖，并发表于国家级刊物《学校教育研究》2020年第6期。又撰写《浅谈如何打开特殊儿童的心门》，获得了优秀论文奖，发表于《新教育时代》2020年第7期。

2020年春，受疫情的影响，我调整研究思路，利用家校共育的方法，把家长拉入阵营，生活化主题教学从线下转入线上。课题于2021年12月顺利结题，研究成果在吴川、遂溪等兄弟特校推广使用。

纵观我的成长历程，从普通的山村小学到特殊教育学校，领导的重视、团队的协助、导师的引领、个人的不懈努力，成就了今天的我。一路走来，初心不改，我在奔跑中学习成长，乐此不疲。我希望能为更多的孩子插上希望的翅膀，做更多特殊孩子家庭明亮的灯塔。我将继续沿着导师指引的方向上下求索，带动更多的青年教师以课题研究的方式探寻能促进学生各项能力均衡发展的、独特的教学之路。

清新自然，朴实无华

世上没有两片完全相同的叶子，世上也没有两个完全相同的人。虽然同样是教书育人，但由于个人的性格及学识等，每一位教师在历经了初为人师时的学习模仿后，都会慢慢在实践中反思总结而形成自己独特的教学风格。我的教学风格是什么呢？我认真归纳了一下，可以用“清新自然、朴实无华”来概括，不管是普通教育还是特殊教育，20多年来我一直在践行着。

一、从严谨华丽到清新自然

中师毕业以后，回到农村，我满腔热情，想要在一方天地里把自己所有的看家本领都使出来，所以我喜欢听老教师的课，喜欢钻研教材教参。

为了使课堂看起来活跃些，为了博取眼球，我把自己听到的、看到的、学到的、自认为好的教学方法和教学手段，不假思索，一股脑儿全用上了，刻意渲染出华丽的课堂。结果可想而知，我虽然使出了九牛二虎之力，课堂很热闹，但是华而不实，学生没有学到应有的知识，基础不扎实，成绩一度下滑。后来在一位老校长的指点下，我才认识到自己的错误。

老校长告诉我，一节好的语文课，严谨的课堂结构和丰富多彩的活动设计固然重要，但更重要的应该是师生建立的那种平等、协作、和谐的学习气氛，将对知识的渴求和探索融于简朴、真实的教学情景之中。尊重学生，随势而为，因势利导，随着学生的思维活动组织教学；激趣引思，从学生的认知出发，引导学生在生疑解惑中产生学习动力，达到智慧分享；关注每一位学生，营造和谐氛围，倡导有效参与，使学生的学与教师的教暗合共鸣，形成学习合力。这样，学生才能在老师侃侃而谈、娓娓道来的讲授中静静思考，在老师默默首肯中获得知识。这才是原生态的语文课。

听了老校长的忠告，我醍醐灌顶，幡然醒悟，从此摒弃之前的认知，调整自己的教学方向。

在后来的语文课堂中，我逐步要求自己做到清新自然，教学活动不刻意雕饰，更加注重引导学生沉浸文本，感受体验，遵循语文学习的个性，关注学生言语的习得和运用。如在课堂教学中，我可能会因为某个学生的问题或我突然察觉到学生对知识的渴求，从而穿插一些典故、新事物介绍、写作技巧等内容，虽然可能会导致预设的教学内容没有办法在那一节课中完成，但我不会为了赶进度而忽略学生的实际需求，没有讲完的课我会利用其他时间补齐。在教学《狼牙山五壮士》一课时，除了课本和一盘朗读录音带，我手上的资源一无所有，为了让学生能理解课文的内容，体会狼牙山五壮士英勇杀敌、不怕牺牲的英雄气概，感受他们爱护群众、仇视侵略者、为了祖国和人民能够勇于献身的精神，我查阅大量的资料，反复听录音练习朗读，在课堂教学过程中，为学生补充了很多课文里没有的背景资料，逐字逐句跟学生分析、朗读、表演，硬生生比原计划多上了3个课时。但是，在整个学习过程中，学生的激情完全被调动起来了，在朗读课文时，我感受到了学生那种惊天动地、震耳欲聋、慷慨激昂的感情爆发，而且学生在学习过程中领会了如何抓住人物的动作、神态、语言等来表现人物的精神面貌的写作技巧。

就这样，在那个没有电脑没有多媒体、只有笨重的投影仪的年代，我靠着一支粉笔、一本教材、一台录音机把课上成了全镇的优质课，参加高效课堂竞赛，凭借清新自然却又实用的课堂教学获得了好成绩，甚至被选为送教老师去给薄弱学校上示范课。

后来因为学校工作的需要，我上过两年严谨的数学课、活泼的英语课，但不管是什么样的课堂，我都要求自己打造简单朴实的课堂，践行清新自然的教学风格。

二、从绚丽多样到朴实无华

从普通小学到特殊教育，虽然教育对象有很大的转换，但自然清新的课堂教学仍然是我的教学风格。在学生的认知能力和理解能力普遍偏低的特殊教育课堂中，绚丽多样的形式容易扰乱学生的思维，令他们无从适应，甚至可能会诱发个别自闭症儿童的情绪，而结构化课堂教学模式又容易加剧个别自闭症学生的刻板行为，因此，我选择了随性而行的自然教学。上生活适应课时，我根据对学生的评估结果，将以下内容了解清楚：学生们已有的生活经验是什么？已有的知识储备有多少？所需的生活技能达到了哪个层面？学习障碍在哪里？突破认知障碍的方式，哪种最有效？学生喜欢的情境是什么？学生需要哪些辅助？从而拟定学生的个别化教学目标，设计简单实用的课堂活动来实施个别化教育。

2018年春，根据学生的IEP目标分类，我们设计了一个逛公园的教学主题来实施个别化教育。（那时的中年级还没有国家教材，所以只能根据学生评估结果拟定个别化教学目标，然后自编教学手册。）为了上好这个主题的课，我们组织家长带学生去实实在在地逛了一次公园。随后，我根据逛公园的顺序、各个场景照片、遇到的需要解决的问题和用到的知识及礼仪等展开教学。在整个主题的学习过程中，我仅仅利用学生逛公园的切身经验和感兴趣的话题，用最简单而直接的形式，教他们如何选择出行方式、要注意哪些安全知识、如何选择喜欢的游乐项目、如何看价格、如何买票、如何邀请同学……在最后的综合实践课《买票》中，学生基本达成预设的学习目标。没有绚丽多样的形式，没有跌宕起伏的教学环节，学生在简单的生活情境中运用学到的知识和技能解决问题，一切自然而然，朴实无华，返璞归真。

我的生活适应课如此，我的生活语文课也是如此。我会根据教学内容的需要和学生的特点设置导入不同的生活情景，如儿歌、生活小知识、绘本故事等等，然后引导学生借助实物、模型、照片、生活视频等直观教具，引导学生学习新知识，或指导学生动手操作，在生活实践中熟悉甚至掌握或运用新知识新技能，最后利用简单趣味的游戏或活动来检验学生的学习效果。

2020年秋，我接手六年级生活语文课的教学工作，和广州启慧学校的老师展开《秋天》的同课异构：音乐课唱《秋天》，语文课读《秋天》，美术课画《秋天》，同样没有教材。于是，我根据学生的学习特点和已有的知识，自编课文，用朗朗上口的儿歌形式把家乡秋天的特点跃然于纸上，甚至把儿歌套用歌曲《新年好》的旋律唱出来。在同课异构时，我选取了课文的最后一句话："秋天真美，我爱秋天。"在语文课堂中，我首先带学生唱《秋天》，然后引导学生看秋天的景象，朗读课文，最后导出赞词："秋天真美，我爱秋天。"回归语文学科的本真，重点学习生字"美"的音形义，组词遣句，学生的学习兴趣浓，运用效果好。在最后的专家点评中，我的课获得了好评。

总之，在我多年的教学生涯中，我摒弃了千篇一律的教学流程，没有刻意而为的课堂，遵循"自然教育"原则，坚守"清新自然、朴实无华"的教学风格，以学生的身心发展为首要目标，尊重学生的个性，开发学生潜能，使学生各项能力均衡发展。

培智学校生活适应《我家的亲戚》教学课例

【教学内容分析】

本课教学内容选自培智义务教育实验教科书《生活适应》四年级下册第3课《我家的亲戚》,适用于四年级学生。根据学情、年级段及湛江区域本土习俗进行教学,旨在落实国家课程标准中"家庭生活"领域了解自己跟家庭主要亲属的关系。学会正确地称呼自己的亲戚,能与亲人之间有礼貌地打招呼,是中华民族的传统美德,在重要的节日里与亲人互动交流,有利于创设和谐友爱的家庭氛围和建立良好的人际关系,让学生感受到生活的美好和亲情的温暖。

教学内容的功能在于:(1)贯彻落实培智义务教育的国家课程标准,体现课改提出的目标导向的教学理念,彰显生活社会适应课程的生活性、实践性。(2)以学生生活为基础,围绕学生的家庭成员和实际生活,结合地区称呼习惯,调整教学内容,体现课改提出的以生为本的精神、理念。(3)关注学生的生活实际,培养学生的生活适应能力,提高学生生活质量,帮助学生融入社会。(4)养成良好的礼仪习惯,为学生了解家庭生活、关心家人等奠定基础。

【学情分析】

该班是湛江市特殊教育学校四(1)班学生,共10人(男生9人,女生1人),其中自闭症者6人[涛、成、绚、昊、雅(女)、侨],多重障碍者1人(东),智障者2人(懿、睿),脑瘫者1人(健)。具体情况分析如下:

林某健,男,12岁,智力障碍一级(A组)。

(1)能正确称呼:爷爷、奶奶、外公、外婆。

(2)能理解生活中常用的句子和简单问句;观察力强,记忆力较好。

(3)能在合适的情境下进行恰当的简单回应。

(4)能主动与人沟通,能运用眼神、手势等动作进行沟通,但存在构音不清晰的问题。

(5)能遵循课堂规则,积极主动参与课堂活动。喜欢游戏,对代币、强化物奖励需求大。

陈某涛,男,13岁,智力障碍(自闭症)二级(A组)。

(1)能正确称呼:爷爷、奶奶、外公、外婆、叔叔。

(2)能理解生活中常用的句子和简单问句;观察力强,记忆力较好。

(3)能在合适的情境下利用短句进行恰当的简单回应。

(4)能主动与人沟通,眼神交流方面需要不断提醒;存在长句表达需要提醒的问题以及沟通动机不足。

(5)能遵循课堂规则,积极主动参与课堂活动,喜欢游戏、视频、同伴竞争,对代币、强化物奖励需求大。

黄某懿,男,12岁,智力障碍二级(A组)。

(1)能正确称呼:爷爷、奶奶、外公、外婆、叔叔。

(2)能理解生活中常用的句子和简单问句。

(3)能在合适的情境下利用短句进行恰当的简单回应。

(4)能主动与人沟通,能运用眼神、手势等动作进行沟通;存在构音不清和长句表达需要提醒的问题。

(5)能遵循课堂规则,主动参与课堂活动,喜欢同伴竞争比赛的氛围,但性格内向胆小,人多的时候需要鼓励才能大声说话。

陈某睿,男,12岁,智力障碍(唐氏综合征)二级(B组)。

(1)能正确称呼:爷爷、奶奶、外公、外婆。

(2)能理解生活中常用的句子和简单问句。

(3)能在合适的情境下利用短语进行恰当的简单的回应。

(4)能主动与人沟通,能运用眼神、手势等动作进行沟通,存在构音不清和短句表达需要提醒的问题。

(5)能遵循课堂规则,积极主动参与课堂活动。喜欢角色扮演、操作类游戏,对代币、强化物奖励需求大。

李某成,男,13岁,精神障碍(自闭症)一级(B组)。

(1)能正确称呼:爷爷、奶奶、外公、外婆、叔叔。

(2)能理解生活中常用的句子和简单问句。

(3)能在合适的情境下利用短句进行恰当的简单回应。

(4)能与人沟通,但词汇量较少、缺乏对话式沟通和眼神交流;存在鹦鹉学舌和长句表达需要提醒的问题。

(5)能在提示下遵循课堂规则,参与课堂活动。喜欢操作性游戏,对强化物奖励需求大;常有不自觉说话、刻板行为动作的发生,需要老师给予提醒。

曾某绚,男,13岁,智力障碍(自闭症)二级(B组)。

(1)能正确称呼家中和他亲近的亲戚。

(2)能理解简单句,观察力较差。

(3)能在合适的情境下利用短句进行恰当的简单回应。

(4)能与人沟通,但缺乏对话式沟通和眼神交流;存在鹦鹉学舌和长句表达需要提醒的问题。

(5)能在提示下遵循课堂规则,参与课堂活动,喜欢操作性游戏,对代币、强化物奖励需求大;对不熟悉的环境和人容易有情绪行为问题。

潘某昊,男,12岁,精神障碍(自闭症)二级(B组)。

(1)能在提示下正确称呼:爷爷、奶奶、外婆。

(2)能理解生活中常用的句子和简单问句。

(3)能在提示下利用短语进行恰当的简单回应。

(4)能运用短语、手势等动作与人沟通,但词汇量较少;存在鹦鹉学舌、构音不清和句子表达需要提醒的问题。

(5)能在语言提示下遵循课堂规则,参与课堂活动。喜欢操作类游戏,对强化物奖励需求大,偶尔会有不明原因的情绪行为问题发生。

卢某雅,女,13岁,智力障碍(自闭症)二级(B组)。

(1)能在提示下正确称呼家中和她亲近的主要亲戚。

(2)能理解生活中常用的句子和简单问句。

(3)能在合适的情境下利用短语进行恰当的简单的回应;但主动沟通的意愿较低,词汇量较少、缺乏对话式沟通和眼神交流。

(4)能在语言提示下遵循课堂规则,参与课堂活动。喜欢强化物奖励;偶尔会有脱离课堂的行为,如蹦蹦跳跳、跑去拿书、不断翻课本的刻板行为。

潘某侨,男,12岁,精神障碍(自闭症)二级(C组)。

(1)能在提示下正确称呼:爷爷、奶奶、外婆。

(2)观察能力差,能理解特定的简单关系。

(3)能在提示下做出相应的回应;存在鹦鹉学舌、短句表达需要提醒的问题。

(4)能在语言提示和少量肢体辅助下遵循课堂规则,参与课堂活动时喜欢强化物奖励。

陈某东，男，13岁，多重（自闭症+低视力）二级（C组）。

（1）能在提示下称呼家中和他亲近的主要亲戚。

（2）观察能力较差，能理解特定的简单人物关系。

（3）问答能力差；鹦鹉式对话沟通为主。

（4）能在语言提示和少量肢体辅助参与课堂活动，喜欢音乐、唱歌、强化物奖励，低视力。

【教学目标】

课程目标：

1. 个人生活：

1.1 懂得文明礼貌，尊重他人。

1.2 认识身体异常状况，了解常见疾病的预防和处理措施。

1.3 会表达自己的情绪、情感。

2. 家庭生活：

2.1 了解家庭成员基本信息，能与亲友沟通、交流。

2.2 了解主要的居家安全常识，参与家务劳动，爱护家居环境。

3. 学校生活：

3.1 遵守学生守则，文明礼貌，初步养成良好的学习习惯。

3.2 能安全使用学校设施，掌握简单的求救方法。

4. 社区生活：

4.1 愿意参与社区活动，尊重他人。

4.2 具备基本的社区安全常识。

5. 国家与世界：

5.1 初步了解我国传统民俗活动。

5.2 知道遵纪守法。

单元目标：

2.1.1 能正确称呼家的亲戚。

2.1.2 能向他人介绍自己家的亲戚。

2.1.3 能知道自己的亲戚关系，能表达出自己与亲戚之间的关系。

2.1.4 能参加家庭聚会，见到家中亲近的亲戚能正确问好。

2.1.5 能使用座机拨打电话给同学。

2.1.6 能使用手机拨打爸爸妈妈电话。

2.1.7能通过手机的“通讯录”拨打电话。

2.1.8能使用手机或电脑软件与人进行视频通话。

2.1.9能使用礼貌用语与人沟通、交流。

2.2.1能遵守学校活动中的安全规则。

2.2.2能注意剧烈运动后的安全问题。

2.3.1能安全使用校园的公共设备和设施。

2.3.2能在遇到意外或危险时向他人求助。

周目标：

2.1.1.1能说出/指认出自己的伯伯、叔叔、姑姑、外婆、外公、舅舅和姨妈。

2.1.1.2能向他人介绍或指出自己伯伯、叔叔、姑姑、外婆、外公、舅舅和姨妈。

2.1.1.3能说出或指出爸爸的哥哥是伯伯，爸爸的弟弟是叔叔，爸爸的姐妹是姑姑，妈妈的妈妈是外婆，妈妈的爸爸是外公，妈妈的兄弟是舅舅，妈妈的姐妹是姨妈。

2.1.1.4能参加家庭聚会，见到伯伯、叔叔、姑姑、外婆、外公、舅舅和姨妈能正确问好。

课时目标：

2.1.1.1.1能说出/指认出伯伯、叔叔和姑姑。

2.1.1.2.1能向他人介绍或指出自己的伯伯、叔叔和姑姑。

2.1.1.3.1能说出或指出爸爸的哥哥是伯伯，爸爸的弟弟是叔叔，爸爸的姐妹是姑姑。

2.1.1.4.1见到伯伯、叔叔、姑姑能正确问好。

个性目标与支持策略：

2.1.1.1.1能说出/指认出伯伯、叔叔和姑姑。

A组3人：健、涛、懿，独立完成。

B组5人：睿、成、绚、昊、雅，除雅需口头提示，其他人独立完成。

C组2人：侨(口头提示完成)、东(口头提示加辅具(图卡)提示下完成)。

2.1.1.2.1能向他人介绍或指出自己的伯伯、叔叔和姑姑。

A组3人：健、涛、懿，独立完成。

B组5人：睿、成、绚、昊、雅，需在口头提示下完成。

C组2人：侨、东(在口头提示和辅具(图卡)提示下完成)。

2.1.1.3.1能说出或指出爸爸的哥哥是伯伯，爸爸的弟弟是叔叔，爸爸的姐妹是姑姑。

A组3人：健、涛、懿，独立完成。

B组5人：睿、成、绚、昊、雅，需在口头提示下完成。

C组2人：侨在辅具（图卡）提示下完成，东在语言提示、辅具（图卡、放大镜）提示下完成。

2.1.1.4.1 见到伯伯、叔叔、姑姑能正确问好。

A组3人：健、涛、懿，独立完成。

B组5人：睿、成、绚、昊、雅，需在口头提示下完成。

C组2人：侨、东，在口头提示下完成。

【教学重难点】

重点：能正确称呼爸爸的兄弟姐妹。突破方法：示范教学；观察法；多媒体展示。

难点：理解自己与爸爸的兄弟姐妹之间的亲戚关系，并正确称呼。突破方法：多媒体演示法；用学生日常图片引导学生理解。

【教学方法】

教法：

（1）情境教学法：创设“六一”儿童节计划去学生家做客，让学生帮忙介绍家里亲人的情境，从实际情况出发，认识伯伯、叔叔、姑姑，梳理自己与他们的关系。

（2）演示法：通过老师示范，模仿练习介绍爸爸的兄弟姐妹。

学法：

（1）探究学习法：学生通过学习板的贴图理解人物关系。

（2）实践法：学生通过观察连线、指认、介绍亲戚的方法认识“伯伯、叔叔、姑姑”。

【教学环境与教学资源】

《家庭礼貌称呼歌》视频；奖励榜与代币；个别学生的家庭相片；强化物；课堂作业单。

【教学过程】

一、准备活动（3分钟）

1.组织课堂，师生问好。

2.激趣导入。

师：同学们，六一儿童节快到了，老师计划到同学们的家里去做客，想提前认识一下你们的家人，谁能给老师介绍一下呢？

【设计意图】(1)通过问好进行师生互动，拉近师生之间的距离，吸引学生的注意力。(2)说明奖励规则，揭示课题，交代学习任务。

二、发展活动

环节一：新知学习(18分钟)。

1.认识"伯伯"。

涂层擦出家里有伯伯的学生家庭照片。边擦边引导学生猜：这是谁家的照片？

请照片中的学生介绍自己的家人：这是________。

师：刚刚某某同学介绍家人的时候，除了爷爷奶奶爸爸妈妈，他们家还有一个是谁？(伯伯)。这就是我们今天要认识的第一位亲戚。

(1)出示伯伯图片，带读"伯伯""爸爸的哥哥是伯伯"。

(2)找出伯伯的图片贴到学习板上的对应位置，带学生梳理和伯伯的人际关系。

(3)角色代入：伯伯来了，同学们，跟伯伯打个招呼吧，真是有礼貌的好孩子。

2.认识"叔叔"。

师：接下来老师想去谁的家呢？擦出照片，请学生介绍自己的家人。

师指着学生叔叔的照片问，刚刚某某说这是他的谁？(叔叔)出示叔叔图片，这就是我们今天要认识的第二位亲戚——叔叔。

(1)出示叔叔图片，带读"叔叔""爸爸的弟弟是叔叔"。

(2)找出叔叔的图片贴到学习板上的对应位置，带学生梳理和伯伯的人际关系。

(3)角色代入：叔叔来了，同学们，跟叔叔打个招呼吧，真是有礼貌的好孩子。

3.认识"姑姑"。

师：老师还想认识一下这一位同学的家人，谁呢？请看。请某某同学介绍一下自己的家人。

你家真热闹，有伯伯、叔叔还有姑姑，你来带大家认识一下吧。

出示姑姑图片，这就是我们今天要认识的第三位亲戚——姑姑。

(1)带读"姑姑"，明白"爸爸的姐妹是姑姑"。

(2)找出姑姑的图片贴到学习板上的对应位置,带学生梳理和姑姑的人际关系。

(3)角色代入:姑姑来了,同学们,跟姑姑打个招呼吧,真是有礼貌的好孩子。

4.请学生根据实际情况介绍自己家的亲戚。

师:今天我们认识了三位同学家的三位不同的亲戚。下面我们再来认一认吧。下面老师来考考大家,爸爸的某某是某某。

师:同学家的亲戚我们认识了,谁来介绍一下自己家的亲戚?

【设计意图】通过创设六一计划去同学家串门的情景,通过学生自己介绍,引导其他人通过听、读、想、答、唱、找、贴等活动,带学生认识爸爸的兄弟姐妹——"伯伯、叔叔、姑姑"。通过介绍"我家的亲戚"加深学生对今天学习内容的印象,同时联系生活实际认识自己家的亲戚。

环节二:巩固与练习(8分钟)。

1.找一找,连一连,读一读。(个性化作业,题型如下)。

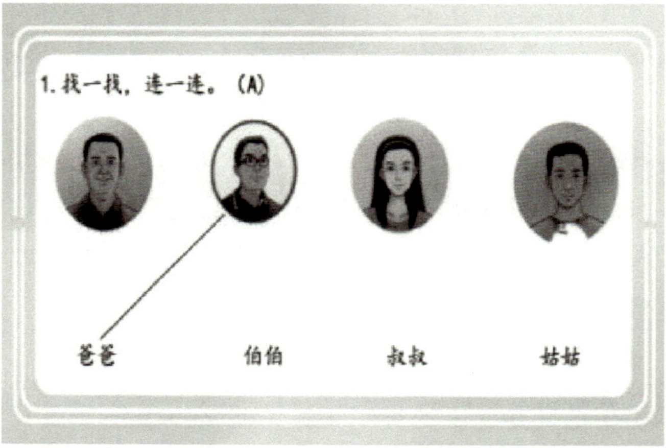

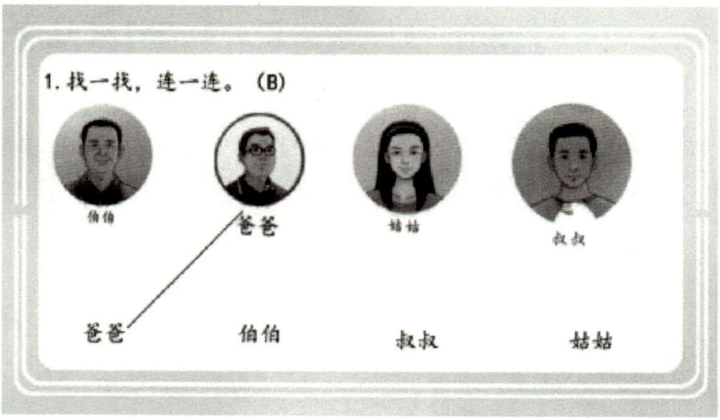

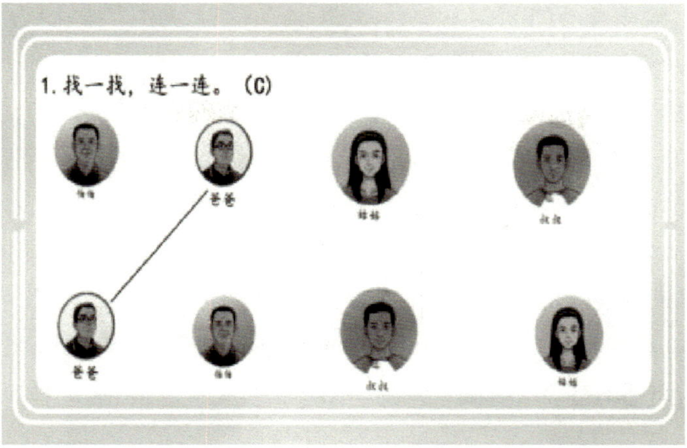

2. 贴一贴。(合作学习，小组内轮流把人物称呼贴到对应位置，理一理兰兰的家庭关系。)

【设计意图】

(1)注重学生的差异，个别化辅导学生，让每位学生都能获得老师的指导，更深入了解每位学生的学习程度。

(2)分组与竞技练习，有助于学生达成学习目标。

环节三：拓展迁移(3分钟)。

师：今天我们认识了爸爸的兄弟姐妹，那妈妈的兄弟姐妹我们应该怎样称呼呢？让我们来听听《家庭礼貌称呼歌》吧。

【设计意图】通过歌曲复习和拓展延伸本课的学习内容。

三、综合活动(3分钟)

1.回顾课堂知识,点评学生课堂表现。

2.根据板书总结本节课的知识,渗透德育内容。

3.布置作业:

(1)回家翻看相片,找一找你认识了家里的哪些亲戚。(A组学生独立完成;B组学生听词指认亲戚;C组学生跟爸爸妈妈一起指认/说亲戚称呼。)

(2)跟爸爸、妈妈去亲戚(伯伯、叔叔、姑姑)家串门,礼貌称呼自己家的亲戚。(A组学生独立完成;B、C组学生在提示下跟亲戚打招呼。)

【设计意图】回顾课堂,总结本节课学习重点,明确家庭作业。

四、板书设计

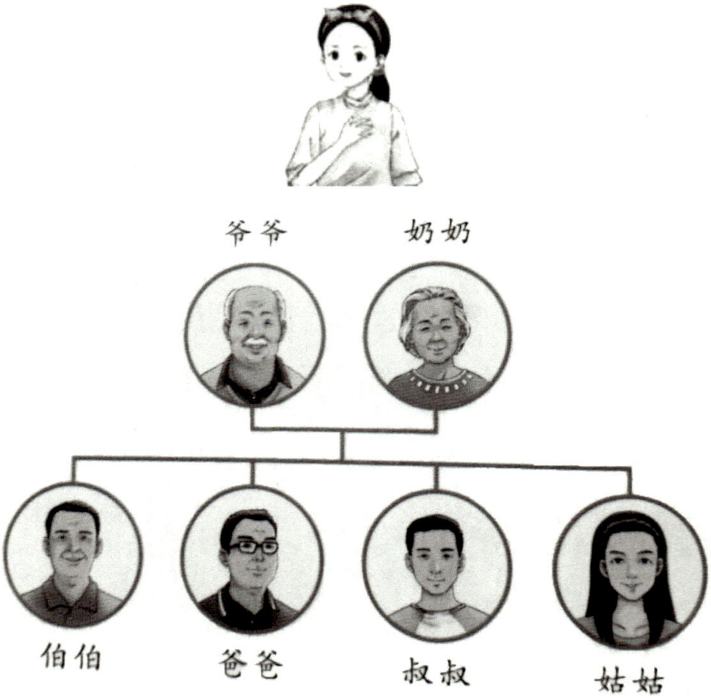

【教学反思】

亮点:

1.本次教学的PPT设计比较合理,思路清晰,充分利用了多媒体技术,用创设的情境主线贯穿整节课,生动有趣,学生在听说练的过程中理解所学知识。

2.学生的作业单设计比较合理,充分利用了课本资源,改编成不同形式的练习,让学生在连线、读、听句子找人物的过程中进一步理解自己与伯伯、叔叔和姑姑的关系。

3.通过《家庭礼貌称呼歌》拓展下节课的内容，过渡自然。

4.代币奖励效果明显。

不足与反思：

1.备课不够充分。本次教学为异地教学，因为对学生的了解只是通过任课教师的言语表述，没有亲自了解学生的学习情况和学习特点，所以备课只是停留在备教材的层面，没有备好学生。

2.课堂把控不够。在上课的过程中对学生的调控有点被动，上课气氛不够活跃；因为课桌的原因，异质分组凸显不够。

3.实际课堂教学与教学设计有出入。没有熟悉教案，教学流程出现了临时调整，在授课过程中还出现了一次小错误，把伯伯的关系说错了，还好能及时调整。

陈月娇　给孩子优秀的自己

陈月娇

广东阳江人，1985年生。2009年本科毕业于广州美术学院。现执教于广东省阳江市特殊教育学校，美术学科中学一级教师。主持或参与省市课题3项。在《中小学教育》《中国教师》等杂志发表论文3篇。聘任广东岭南美术出版社中小学美术教材培训优质示范课骨干教师。曾获广东省首届美育教师教学基本功大赛一等奖（第一名）以及个人单项奖、阳江市首届美育教师教学基本功一等奖、阳江市特殊教育教师教学基本功一等奖等。获阳江市优秀教师、阳江市教书育人先进个人等荣誉称号。

初心不改，做优秀特教人

年华似水，岁月飞逝，一回首，我已在特殊教育行业耕耘了13年。作为一名特教美术教师，在每一个与特殊孩子相处的日子里，我都感受着幸福。展望未来，我初心不改，努力耕耘，做优秀特教人。

一、眼神交汇，克服困难坚定选择

2009年，那是充满挑战与诱惑的一年。面对名校抛出的条件，我动过心，但当我走进特殊学校，在与特殊学生眼神交汇的那一刻，我坚定了自己的选择。与精英教育相比，这些“折翼天使”更需要我的付出与关爱。我毫不犹豫地听从自己的内心，毅然选择应聘阳江市特殊教育学校，正式开始了我的职业生涯。

我的教学对象是有听力障碍的学生，作为“外行”，面临的最大问题就是手语。手语是与学生沟通最直接的无声语言，要开展教学的第一步，就要克服手语这一关。为了能更好地与听障生进行沟通，我努力学习手语，每天坚持练习。课后我融入学生当中，跟他们多交流；虚心向有经验的老师请教；积极参加学校组织的手语培训活动。通过坚持学习，我的手语有了很大的提升。在课堂上，能够顺利进行课堂教学；在学校举行的各类活动中，担任手语翻译，其中2017年担任学校十周年欢庆活动的手语翻译；还受邀去公安局做翻译；2021年11月至2022年10月，在阳江电视台相关节目做手语翻译主持，为听力残疾人搭建了融入社会、参与社会生活的桥梁。

在这13年里，我不断学习特殊教育新理念，阅读名家著作，观摩名家课例，认真查找自身的不足。学习让我眼界大开。随着阅读量和教学经验的积累，我眼前好像打开了一扇大门，我真正领略了教学之美，备课越来越轻松，课堂越来越生动，学生的学习兴趣变得浓厚了。

二、用心教研，专业成长硕果累累

（一）积极参与技能比赛，促进专业稳提升

作为一名美术专业的教师，只有自己专业的成长才能促进教学的成长。我通过参加美术专业技能的各类比赛，不断地提升自己。2010年，我的作品《欢腾》在首届阳江市政协书法美术摄影作品大赛中荣获银奖；2016年，作品《忆古盼今》在阳江市教师美术书法作品展览中荣获一等奖；2018年，漆画《怒放生命》入选市美术作品展，获得优秀名次；2019年，我获得第十一届广东省大中小学规范汉字书写大赛阳江赛区比赛教师组硬笔书法二等奖；我的水彩作品《港口》在阳江市中学美术骨干教师水彩与创作教学培训班优秀作品展览中荣获一等奖；2022年5月，我的美术作品在“中国梦 劳动美——喜迎二十大 建功新时代”阳江市职工书画大赛中荣获银奖。

每一次准备参赛作品，都是对自己专业的审视与思考，通过参加比赛来促进自己专业技能的提高，这样才能够更好、更有效地服务于教学。13年来，我所带的学生也在各种书画比赛中成长起来，获得了优异的成绩，累计有90多项，打造了学校艺体办学特色，美术教学成了学校的一块“金字招牌”。

（二）用心研究校本教材，助力高考出成绩

身为美术专业教师，我用心研究适合听力障碍学生美术发展的校本教材。根据学生特点，开发适合他们的美术兴趣课程，将美术兴趣小组活动搞得有声有色，美术兴趣活动逐渐成为学生学习艺术的乐园。

小唐就是我教出来的一位优秀美术毕业生。我用了整整6年的时间，从作画坐姿、握笔、构图、着色、绘画技巧等方面，一点一滴地教他，陪着他一起练习。我运用“赏识教育”帮助他提高绘画水平，树立信心，他最终成为一名美术特长生。2014年，小唐在阳江美术馆举办了为期一周的个人画展，引起社会的广泛关注和好评。2015年，在听障生高考中，他以全省美术专业分第一名的好成绩顺利考入广州大学。这一年是我带的第一届高考班。

在接下来的7年里，我用心研究不同院校的高考考纲，整理总结出高考的知识点，汇编成册。在2019年高考中，陈某考上了长春大学，蔡某考上了郑州师范大学；在2022年的广州市政学院的美术理论考试中，张某得了139分，位居全省第二名。

三、初心不改，磨炼提升绽放最美

在平时的教育教学中，我关注实践，不断总结经验。从平时的课堂教学到一次又一次的比赛课，我所做的就是积累、沉淀，努力把每一节课都当成示范课去准备、去执教。我争取每一次赛课的机会，敢想、敢争，不怕失败。这让我想起了一句话：付出总有回报。

每一次的比赛，都是一次磨炼与提升。参加广东省首届美育教师教学基本功比赛，对我的教学成长影响很大。基本功比赛包括两个环节：一个是美术实操，另一个是现场的说课展示，在参加阳江市选拔赛中，我脱颖而出，参加省赛，面对的是20多名竞争对手，我忐忑不安。在备赛的那段时间里，我细读课程标准，研究课程设计，反复揣摩知识点，虚心向有经验的教师请教，不断修改教学设计和课件，时时面临大改大动。为了教态能够更好，反复对着镜子练习，我认真对待每一个细节。在进行说课比赛的时候，出现了一些小状况，但是我继续从容地进行说课，最后在规定时间内完成了比赛。在出成绩的那一刻，令我惊喜的是：我的总分排在第一，获得了全省一等奖第一名的好名次。在这个备赛的过程中，我在不经意间成长了许多，我的美术专业素养和教育教学能力都得到了明显提升。通过参加这次比赛，我有很大感触：一名优秀的教师，除了要有专业素养，还要有综合素养，要有处理突发事情的能力等。感谢这样的经历，在教学的路上，绽放最美的自己。

“起始于辛劳，收结于平淡”，是我们教育工作者特别是特殊教育工作者的真实写照。走上三尺讲台，教书育人；走下三尺讲台，为人师表。我告诫自己：一定要授业解惑、教好学生，积极投身于课改，做一名优秀的特教人。

专业·实效·热情·亲和

教学风格是教师教学艺术成熟的标志，它体现着教师个人的独特魅力。形成自己独特的教学风格，是一个艰苦而又长期的过程。从参加工作到现在，我不断探索教学，持续实践，持续创新，逐步提升，最终找到了属于自己的教学风格。

一、模仿

新教师习惯于模仿自己以前的老师或周围同事的教学方式、方法，对美术课堂教学的规律性、学生学习美术的规律、特点、障碍因素等不是很了解，教学活动是被动的。在教学过程中，常常迷失自己的教学个性，在整个教学过程中追求什么，有时候自己也不清楚。

记得我刚步入工作岗位时，既有兴奋感，又有面对一切陌生事物的畏惧感，带着激动而又矛盾的心情走进课堂，忐忑不安地上课。那时候，只知道按部就班地照着教案上的内容授课，不知道关注学生，不会采用灵活多样的授课方式。几节课下来，经过自己的反思和同事评课的意见发现，原来上好一节课并不是完成教学任务那么简单，授课方式和技巧方面都需要我认真学习。于是，我抓住每一次听课的机会，观察别的老师是怎样上课的，评课的时候认真记录，积累经验。还特意购买了一套关于美术课堂实录的光碟，反复观看学习，大到整堂课的授课过程，小到一个问题该如何提问，我都揣摩。与此同时，只要有上公开课的机会，我就主动报名，让自己多多锻炼，努力提升。就这样，我在持续模仿的过程中获益匪浅，初步形成了自己的教学方式。

二、独立

随着教师的积极努力和教学工作经验的积累，在课堂教学工作中，新教师开始摆脱模仿性工作方式的束缚，逐步进入独立性工作阶段。因为初步具备了独立实行教学的能力，开始有意识地研究课堂教学的艺术形式与效果，如开始钻研美术教学语言与表达艺术、教学板书板画艺术、教师示范艺术等。在这个阶段，美术教师教学的个性特征开始比较自由地明显外露和发挥。独立工作水平为在课堂教学中发挥自己的创造性奠定了基础。

经过一段时间的教学实践，我发现学生在长期被动填鸭式的教学形式中，已经变得麻木和机械，很多时候放弃质疑与思考，更缺乏主动探究的欲望与热情。如果教学理念和方法不改变，即使运用教具视频和实验等手段，也很难从根本上调动学生的学习主动性。所以，根据观察自身和其他教师课堂出现的状况，我开始持续探索和尝试改变课堂模式，边看书学习新理念，边摸索实践新经验。不知不觉中，我发现，自己已不再一味模仿其他教师的教学，而逐渐找到一种适合自己的教学方法。我已经从模仿性教学阶段走了出来，在向着独立性教学阶段慢慢发展。就这样，我得到一个启示：要想收到良好的教学效果，教师先应尝试改变教学方式，用心琢磨教学，找到学生喜欢的教法。

三、创造

教师要时刻具有创新意识，学会创造性教学，才能使自己永远拥有“一潭活水”。在反复思考实践后，我形成了一种“专业、实效，严谨、亲和”的教学风格，把课堂真正还给学生，突出学生的主体作用。

2019年12月，我在主持市级课题“听障教育美术课堂的有效性”研究中，尝试在独立教学阶段的基础上创造教学，构建了听障教育美术课堂“主动”教学模式。

（一）情境激趣，激发学习热情

一节课的导入尤为关键。良好的导入是激发听障生学习热情的有效方法。听障生由于自身的残疾缺陷，知识面狭小，想象能力和创造能力不强，因此，课堂教学一开始，可以联系生活，创设一定的情景，激发听障生的学习热情，为教学活动的顺利展开做好铺垫。

由于听力障碍，听障生在学习时要用眼睛（或其他部位）去感知事物。在学习的过程中，教师只用口授的方式讲解，只会为听障生带来压力，学习效果会大打折扣。因此，情景激趣设计要贯穿整个教学过程，让听障生在情景的感染下掌握知识重难点。这样的课堂，让学生开心而轻松，容易完成教学目标。

（二）任务探究，体验创作精彩

听障生的思维敏锐性一般会比健全孩子弱。在美术课堂上，听障生虽然有一定的美术基础，但个体理解能力比较弱，大多数是不能主动学习的。听障生之间能力差异较大，上课会经常发呆，给解决课堂探究活动带来一定的难度。传统的课堂教学通常采用教师示范绘画、听障生练习模仿的被动方法，难以激发听障生学习美术的主动性、创造性和兴趣，课堂教学效果不佳。

而采用任务探究的形式，既凸显了听障生的学习主体地位，又让听障生瞬间明白自己要做什么、怎么做，能激发他们自主创作的热情，促使听障生主动学习、合作探究，能提高听障生体验美术的生动性、创造性、情感性和人文性。

（三）层次带动，合作互动共赢

为何要在美术课堂中有效地开展分层（组）教学呢？美术课程应当面向全体听障生，发展听障生美术素养，让不同程度的听障生都能够得到发展。因此，在美术课堂上，开展分层（组）教学，因材施教就非常有必要了。

分层（组）教学可以最大程度地提高听障生的积极性，最大程度地提高教育教学质量。实践证明，美术课堂的分层（组）教学，能关注听障生的学习体验感受，让听障生能够积极地、有效地参与课堂学习，提升绘画技能和创新能力，满足听障生发展的需要，体现因材施教的原则，有效地保证新课程标准的全面实施。

（四）生成引导，丰富学习经验

课堂是一个充满活力的生命整体，其中，生成与预设之间的平衡与突破，是永恒的主题。精彩的生成离不开之前的精心预设。教师要观察课堂教学目标的达成情况，尤其是重难点的突破情况，以及每一个环节听障生呈现的效果。因此，在做好生成之前要重视预设。

在课堂当中，对听障生积极或消极地“生成”，教师都要大加鼓励、利用。凡事预则立，不预则废，课堂教学因预设而有序，因生成而精彩。听障生在这一过程中，可以获得更多的学习经验和生活体验。

(五)主题创作,把握作品思路

听障生由于身体缺陷，在学习理解美术核心主题的时候，难免会感到吃力。美术课教学环节的后期，我们还是要进行创作的。如何提高创作的有效性？那就是设一个主题。教师可以利用视频、图片展示，创造真实情境，让听障生在特定的主题中去创作。

(六)语言交流,不断创新课堂

语言是交流的工具，只有不断交流才能互动，只有不断互动才有创新，教学课堂因此才有生机。因此，面对听障生的语言潜能的发掘，不能停滞不前。课堂很多环节，如回答问题、交流互动、作品评价等等，处处引导乃至要求听障生大声说出来。

四、锤炼

为了使每个学生得到最好的发展，在美术课堂教学艺术上，教师还可持续创新，让课堂教学艺术在教学中发挥其功能效应。

确实，作为一名特殊教育美术教师，我已经对常规的教学方法，诸如讲解法、讲述法、讨论法、问答法等，不但在理论上有完整的理解，而且能付诸实践而取得良好的效果，它体现在我的专业性上。

但是，“教学有法、教无定法”。我构建了听障教育美术课堂“主动”教学模式：情境激趣—任务探究—层次带动—生成引导—主题创作—语言评价。在这一模式下，听障生体现出较高的学习主动性，参与热情高涨，课堂效果明显。课堂上主体与主导作用均得到充分发挥，学生积极主动，教师循循善诱，充分体现出实效性。

热情、亲和，这是我性格所在。我是一个热情奔放的老师，性格外向的我总能给每一堂课注入热情，带给孩子们快乐。而我脸上的浅浅笑容，配上我循循诱导的语言，学生总能感受到我的亲和力，师生融洽，使得课堂教学和谐、愉快地进行。课题研究结束后，其实我的特殊教育美术课堂教学风格已经呈稳定状态，后来参加比赛就是对自己教学风格的锤炼。

总的来说，在今后的教学中，我会继续保持自己“专业、实效、热情、亲和”的教学风格，在实践中不断锤炼，做一位优秀的教育引导者。

聋校美术《奇妙的肌理》教学课例

【教学内容分析】

本节课教学内容适用于我校听障八年级学生，是依据岭南版美术七年级下册第六节《肌理与应用》而设计的。本课是结合聋生特点而设计的，属于"设计·应用"学习领域内容。让聋生认识奇妙的肌理，了解肌理在生活中的广泛应用，并掌握人造肌理制作方法。

教学内容的功能在于：

贯彻落实聋校义务教育的国家课程标准，体现课改提出的目标导向的教学理念，彰显美术课程对于聋生全面、健康发展具有独特的作用。

注重美术课程与聋生生活经验的联系，使聋生在情感体验中发展观察能力和创造能力，帮助聋生融入社会，培养自信，形成创造美好生活的愿望和能力。

【学情分析】

本班共有学生8人，其中1人的语言表达能力较好。学生具备了一定的美术基础，但他们之间的能力差异较大，根据聋生的美术基础、动手能力、学习主动性和审美能力，把学生分成A、B两层。在小组合作活动中，把两个层次的学生融合在一个小组内，可以让层次好的学生带动层次弱的学生。学生的求知欲望和好奇心较强。因此，本节课采用学生动手操作、主动探究来帮助学生获取、掌握知识点。

【教学目标】

课程目标：

1. 培养学生的绘画技巧和基础造型能力；培养学生的设计思维能力。

2. 通过学习色彩、构图、制作等知识，使学生的思维更开阔，并用美学的眼光去观察生活中的事物，对大自然萌生热爱之情。

3. 认识设计艺术及其几个主要类别，感受设计与生活的关系，建立初步的设计观念，提高审美能力和生活情趣，培养热爱生活的情感。

4. 通过对几组常见的生活用品的欣赏和评述活动，启发学生积极关注一些日常用品的材质、款式、造型、色彩、结构、功能及其实用性。

单元目标：

3.1 能认识设计艺术及其几个主要类别。

3.2 能感受设计与生活的关系。

周目标：

3.2.1 能初步掌握点、线构成的形式美法则。

3.2.2 能了解肌理在生活中的广泛应用。

课时目标：

3.2.2.1 能认识肌理。

3.2.2.2 能了解肌理在生活中的广泛应用。

3.2.2.3 能掌握几种肌理制作方法以及进行创作。

【教学重难点】

重点：认识奇妙的肌理以及了解肌理在生活中的广泛应用。解决措施：第一，通过触摸、图片观察，让学生置身于真实情境中理解肌理的秩序美、节奏美、韵律美；第二，对比与感知，PPT课件展示自然肌理与人造肌理的对比图，通过直观的手法让学生尽快了解肌理在生活中的应用，同时，领悟美术在实际生活中的独特价值。

难点：运用材料制作肌理并进行创作。解决措施：通过范例、微课欣赏、探究、启发引导等来解决难点。

【教学环境与教学资源】

多媒体教室。

【教学过程】

一、情境导入

1. 设置情景“盲婆卖瓜”，让学生蒙眼辨瓜。学生参与触摸、讨论，说说感受。

2. 引出课题《奇妙的肌理》。学生读一遍题目。

【设计意图】

1.设置“盲婆卖瓜”探秘情景，帮助盲婆把瓜分类，激发学生的学习兴趣。首先，教师提示有哪些瓜，接着用生动、有趣的语言去创设盲婆卖瓜的情境，让学生融入其中。然后，让学生蒙上眼睛，通过去摸，分辨出是什么瓜，分类放在对应的位置上，并积极表达自己的触摸感受，引出课题。

2.学生通过触摸交流、朗读，激发他们的口语表达潜能。让学生大声读肌理的定义，让聋生初步了解肌理。为下一个教学环节的展开做铺垫。

二、欣赏感知

环节一：触摸与欣赏。

1.展示实物及图片。学生触摸实物、欣赏图片，说说感受，对其特点进行辨识。

2.播放边防战士图片，引入思政情感教育。学生观看冰雪中的边防战士图片。

【设计意图】

1.理解肌理的定义。教师展示一些树叶、石头、树皮等有自然肌理的实物让学生触摸，课件展示一些自然肌理图片。通过触摸、观察，让学生置身于真实情境中感知肌理的秩序美、节奏美、韵律美，增强学生的审美意识，激发他们对美好生活的向往。

2.体现思政教育内容，表达对边防战士的敬爱之情。教师挑选一张戴着结冰口罩的边防战士图片，让学生感受肌理美的同时，感受战士在寒冷边境守护家园的感人事迹，引导学生向守卫边防的战士致敬。在引导观看的过程中，引入思政情感教育。

环节二：对比与感知。教师展示自然肌理图片、人造肌理实物。学生进行小组讨论，互动，回答。

【设计意图】课件展示自然肌理与人造肌理的对比图，通过直观的手法让学生尽快了解肌理在生活中的应用，同时，领悟美术在实际生活中的独特价值。

三、引导探究

1.合作体验。

运用“试误法”体验与探究。学生小组交流、合作尝试制作肌理。教师小结。

【设计意图】采用小组体验探究方式。运用“试误法”体验与探究，让学生以简单而又有效的方法去体验,以获得对肌理制作的认知。这种尝试发现法大大提高了学生学习的主动性。

2.范例欣赏。教师播放"树叶拓印"视频范例。学生欣赏、思考,发表自己的见解。

【设计意图】让学生通过欣赏、体验、讨论以及师生互动,发现问题,解决问题,更加直观地掌握知识点,从而突破教学难点。

3.预设与生成(创作)。学生通过添加、连线、重叠等手法对画面进行再创作。教师结合生成的效果,进行分组教学,引导聋生对一些无章法的画面再创作。

【设计意图】结合课堂生成的效果,做到因材施教。对于理解能力较差的学生出现无章法的画面,根据效果去引导再创作,形成疏密对比、色彩对比,使得画面更加丰富。

四、欣赏评价

教师展示绘画作品,组织自评和互评。学生欣赏作品,用口语、手语进行自评和互评。教师点评、总结。

【设计意图】

1.面对聋生,采用互评的方法,不仅能反馈出学生的美术能力,还能更有效地丰富聋生的语言,激发他们的言语潜能。

2.对学生的探究过程、作品效果提出赞许,让学生体会成功的喜悦。

五、拓展升华

尝试以"家乡美"为主题,运用肌理进行绘画创作。

【设计意图】把知识点进行延伸运用,让学生用心去发现家乡的美,热爱家乡。

六、板书设计

奇妙的肌理

肌理的美
- 秩序美
- 节奏美
- 韵律美

肌理的制作方法
- 拓印法
- 吸附法
- 抗水法

【教学反思】

亮点：

1.体现了课堂教学中互动生成的动态结构模式。在设计理念方面，以教师为主导，以学生为主体，以师生互动、自主探究、小组合作为主要方式，借助多媒体教学，让美术贴近生活，贴近实际，贴近原有经验，使学生主动学习，探究肌理的制作，快乐制作，达到了预设的教学目标。

2.教学方法运用娴熟。在教学方法方面，在多技术整合环境下，使用情境设计教学，运用学生小组合作和探究式的方法，把课堂的主动权交给了学生，让学生在合作中和互批中受到启发和互补，做到了师生互动、生生互动，能够帮助学生高效掌握知识点。

3.能探索新的教学方法。运用“试误法”，让学生以简单而又有效的方法去尝试，以获得对肌理制作的最大认知，大大提高学生学习的主动性。“预设与生成”，结合课堂生成的效果引导再创作，疏密对比，色彩对比，使得画面更加丰富。这样能突破教学难点。也让学生在每一个环节中，都能够进行思考。

4.能关注每一位学生的成长。在教学中，教师能细心观察到每一位学生的学习状态，促使每一位学生有所收获。

不足与反思：

1.课堂有时存在过度合作现象，降低了个人创新能力的培养。

2.“预设与生成”环节占用较多的时间，导致评价环节时间不足。

3.教学评价有待提高。教师对学生的评价，应关注学生的学习状态，关注学生的作画习惯，关注学生知识技能的掌握程度，关注这节课是否培养了学生的学习习惯，关注学生的审美体验是否得到提升。本节课这些方面没有完全达到。

李丽彩　一个灵魂唤醒另一个灵魂

李丽彩　广东阳江人，1994年中师毕业于阳江师范学校，2006年本科毕业于华南师范大学。现执教于广东省阳江市阳东区培智学校，小学语文高级教师（副高级）。主持课题多项，项目成果获得全国“十一五”教育科研成果教育部中国教师发展基金会二等奖、广东省“GDJYSD杯”“十五”科研课题成果二等奖。在《教学与研究》《阳江日报》等刊物发表论文多篇。曾被授予阳江市第四批、第五批“市管拔尖人才”称号。荣获阳江市教书育人优秀教师、阳江市教育系统优秀教师，阳东区的“优秀教师”“教学能手”“教坛新秀”等称号。

坚守初心，笃思前行

1994年6月中师毕业至今，我先后在普校和特校担任小学语文教学工作。普校和特校的教学经历，让我教学经验丰富、教学技能成熟。

一、初出受挫，得到感悟

我毕业时被分配到家乡镇中心小学工作。虽然我在师范期间参加过见习和实习活动，但因为实习时实习班级的语文和数学老师都请了病假，我们实习小组没有得到跟班老师的指导，所以实习效果并不如意。初到工作单位，接第一个班级，进行期中学习检测，我都不知所措。我只能靠自己所学的知识而进行摸索。结果可想而知，我带的班的期中考试成绩排在年级最后一名。这让我压力很大。

我校黄校长见到这种情况，鼓励我不要害怕，要善于总结，学会反思，并与我一起分析原因：第一，班级管理能力不强，学生纪律差，未能培养良好的班风和学风；第二，课堂教学调控能力不强，不善于调节课堂气氛、把握教学节奏，教学效果不好；第三，教学方法使用不当，过度使用音乐教学法；第四，没有确立教学目标，不能正确处理教学重难点。黄校长让我多向有经验的老师请教，多学习教育教学方法，多反思。

失败并不可怕，重要的是从哪里跌倒就要从哪里爬起来。我开始利用各种机会给自己“补课”。我暗下决心：一定要在教育这片沃土上干出成绩！

二、小荷初露，灿烂绽放

学校有推门听课制度。学校领导听完课会对执教老师评课并进行指导，以提升教师的教学能力。有一次，主管教学的郑主任到我班推门听课。刚开始，我有点紧张，但是很快就调好了情绪，进入角色。我执教的是一年级语文《燕子飞回来了》一课，当我让学生进行分角色有感情地朗读全文时，学生声情并茂入情入境地朗读，把课堂推向高潮。课后，郑主任肯定了我的课堂教学，对我的教案给予了充分肯定。此后，在全镇教师的教学工作会议上，郑主任多次以我这节课为例进行分析和表扬。

领导的肯定，让我信心倍增。凡是有上级来检查或者全区的示范课、实验课，全镇的或者是学校的新教师培训课、示范课，都会安排我去上课。我不辜负领导的栽培，认真上好每一节课。我的课堂艺术日趋成熟，1997年，我参加阳东县教学能手大赛，被评为阳东县教学能手；1998年，再次被评为阳东县“教坛新秀”；后来，被评为阳江市“教书育人”优秀教师，阳东区“三个文明”建设工作者、第一批“语文骨干教师”等等。

三、培训引领，助摘硕果

2001年，我们区挑选了7位老师去广州参加为期一周的新课程标准的学习。完成培训后，教研室冯主任安排我给全区老师开展了新课标和教材培训，受到参训老师的一致好评。我将培训所得与自己的教学实践进行结合，灵感大发，写了论文《巧设练习　提高语文素养》，获得人民教育出版社、阳江市教育局、阳东区教育局论文评比一等奖，还被发表在《阳江教育》（2002年第2期）上，引起关注。我又撰写了《巧用课程资源 拓宽识字渠道》一文，获得阳江市、阳东区教育局论文评比一等奖。

两篇论文获奖以后，冯主任指导我，可以在这个领域深耕，进行课题研究。因此，我提炼出人生中的第一个科研题目：“多渠道识字”。课题成果不仅获得了阳东区教育局的一等奖、阳江市的二等奖，还获得了广东省“GDJYSD杯”广东教育“十五”科研课题成果二等奖，在学校课题获奖方面实现了“零的突破”。课题结题论文《开辟识字教学的新天地》，也分别获得了阳东区、阳江市教育局和广东省教厅的一等奖。

随后，阳江市教育局推荐我代表我市参加了广东省青年教师论坛。2007年，我再次被推荐参加为期一年的广东省中小学骨干教师省级培训。2008年，我经层层筛选，被推荐参加为期3年的广东省基础教育“百千万人才工程”名教师培养对象高级研修班培训，成为广东省基础教育“百千万人才工程”名教师培养对象和优秀学员。

这些培训，开阔了我的视野，更新了我的理念，还让我看到了与别人的差距，有了努力的方向。我在业余时间自主提升，进行专业阅读，夯实专业知识。我主持的两个课题研究成果分别获得省级二等奖和国家级二等奖，使我连续两年被授予阳江市第四批、第五批“市管拔尖人才”称号，跟着市委组织部多次去清华大学、复旦大学等高校参加“拓展视野”培训。我辅导学生的作文，连续两次在广东省“粤星杯”大赛中获奖，刊登在《小学生作文》刊物上，我被评为优秀辅导老师；我撰写的多篇论文获得阳江市的一等奖，《隔代教育导致行为偏差问题的思考》还获得了“庆祝中华人民共和国成立60周年”广东省中小学德育征文评选的二等奖，在《阳江日报》发表《正确诱导课外阅读　夯实孩子多彩人生》在刊物《成功》上发表；我成为区人民代表大会代表……2010年12月，我的职称顺利晋升为小学语文高级教师（副高级）。

四、中途转岗，跟随名师

如果远方呼喊我，我就走向远方。如果大山召唤我，我就走向大山。双脚磨破，干脆就让夕阳涂抹小路。双手划烂，索性就让荆棘变成杜鹃。2017年，在阳东区培智学校最缺乏教师的时候，我主动请缨，来到了特殊教育的队伍，进入了全新的领域。

转岗到新的领域，在上班的第一天，孩子们就给我一个不小的下马威，彻底颠覆了我的认知。原来，没有所谓“升学压力”的特教，并不轻松。第一节跟教辅助课，双手被学生掐得又黑又红，满是指甲痕；第一节执教主教课，学生让我自认为准备充足的课堂，成为一言堂，我感到受挫。我思索：一节课下来，已经“伤痕累累”，特教这条路我还能走下去吗？我的选择错了吗？为什么这些孩子会有这样的攻击行为呢？他们是有意的还是不受控制的？这个思考让我忘记了被掐的疼痛。如何驾驭课堂，如何提高孩子的兴趣，如何让孩子回归社会……一连串的问题，引起我的深思。

看着这群“折翼的天使”，辛酸，同情，不知所措。但是，我很快调整好自己：正因为孩子身上的缺陷，普校无法接纳他们，而作为特殊学校的老师，就是要让他们享受教育的机会，享受关爱，耐心教育，为他们打开生活的另一扇窗。

可是我没有专业知识，面对着这些没有语言或者是语言表达不流畅的孩子，我要怎么教？怎样才能帮助这些孩子呢？一次尴尬的评课，让我刷新了对特教的认识。我知道自己不能这样下去，必须狠狠地补上特教专业知识。于是，我开始了艰苦而又有意义的特教之旅。

在业余时间，我自主研修了北脑健康行为发展研究院关于孤独症的研究成果，经过几个月的学习，掌握了相关的专业知识，取得了孤独症培训结业证书；又在中国大学慕课学习相关的专业知识；还争取机会外出学习，2019年到湛江市岭南学院参加了特殊教育课程标准的省级培训，聆听了专家的解读。

2021年，我有幸成为刘少敏名师工作室的入室学员，有机会近距离接触名师，进入专业特教课堂，聆听特教专家的精彩讲座。我学习了先进的特教理念，聆听了不同地区培智学校老师分享的精彩课例。在此过程中，我得到导师的精心指导与关心，尤其是我在课题研究过程中，导师亲手把脉，不厌其烦地修改、提建议。每一次研修活动，对我来说，都是一次蜕变。

五、初见成果，笃思前行

我苦苦钻研教材，从生活中来，到生活中去，……渐渐地，班上的小朋友喜欢上我的课了，喜欢看到我的身影了，上课会做出互动的小朋友越来越多了。

2018年5月，学校举行公开课教学，我执教了课例《眼耳口鼻》，学生与老师配合默契，我感觉“我回来了”。这是我在特教执教的第一节公开课，得到了听课老师的高度评价。这节课的课堂实录被评为阳江市特殊教育信息技术应用资源评比一等奖，课件被评为市级二等奖。我继续坚持学习，结合学校的实际，编写了校本教材，坚持课后反思，写出了多篇论文，获得了区级、市级乃至省级的奖励。我根据本校学生的实际，申报科研课题“培智学校课堂教学生活化的策略研究”，获得广东省教育厅项目立项，成为学校的第一个科研课题，打破了学校成立以来没有科研课题研究的历史。该课题已经取得了初步成果，相关论文获得了省级奖励并在杂志上发表。我的努力也为我赢得了荣誉，我被评为阳东区“三八红旗手”、阳江市教育系统优秀教师，被推荐成为广东省刘少敏名教师工作室的入室学员。

回忆自己在教育上走过的路，虽然没有惊天动地的事情，没有成功感满满的时刻，但我用爱心和智慧点亮了孩子的希望，现在坚守在特殊教育一线，我要继续在这片沃土深耕下去。

巧设情景，穿插游戏，成就生活

从教多年，因为工作忙，我很少停下来思考教学风格的问题，觉得那是专家才有的。在参加工作室的学习后，通过学习，我审视我从教以来的教学生涯，决定用“巧设情景，穿插游戏，成就生活”来概括我的教学风格。

一、巧设情景，提高欲望

教育的归宿是回归生活，是为将来的生活而准备的，最终为生活而服务。课堂上创设有趣而且与生活接近的情景，再现生活场面，模拟生活情境，渗透生活元素，能更好地激发智力障碍儿童的学习兴趣，取得更好的教学效果。

例如，在培智学校一年级“生活语文”下册第二单元“个人生活”的《眼耳口鼻》一课，课堂教学导入时，我在课前创设了这样的情景：

小朋友，老师在刚才来上课的路上，看见了一个小朋友，她也想来参加我们的课堂，欢迎吗？（引出学习伙伴们兰兰。）

大家跟她打个招呼吧。（兰兰，你好！）

给兰兰介绍一下自己吧。（用上“我是＿＿＿＿＿＿”的句式。）

接着引：“兰兰带着礼物，她说要把礼物送给上课专心听讲、大声回答问题的小朋友。你们想要吗？”

小朋友来了劲头，大声说：“想！”

老师又说：“兰兰让大家猜一猜，脸上的宝贝有什么？”

大家你看我，我看你，找起来了。

通过一系列情景的创设，把学生的学习兴趣吸引过来了，把本节课要学习的内容抛出来了。都是学生平时熟悉的画面，是学生平时熟悉的生活场景。学生学习起来劲头足，效果自然就事半功倍。

二、穿插游戏，激发兴趣

游戏是所有学生喜闻乐见的活动。心理学的有关研究证明，游戏对儿童各方面的发展有着极其重要的意义。无论是正常儿童，还是生理发展、智力发展有缺陷的儿童，游戏都是百玩不厌的活动。我在课堂教学中，经常利用他们熟悉的感兴趣的游戏，让孩子们在玩中学习，从而激发他们的学习兴趣，提高他们的认知能力。

在课堂教学中，特殊教育教师面对的是身体发育不全的儿童，他们的智力发展有缺陷。智力障碍儿童的身心发展规律显示，智力障碍儿童集中注意力的时间比较短，在学习的时候容易产生疲倦感，导致注意力差。因此，教师要在课堂教学过程中想办法吸引他们的注意力，才能取得较好的效果。我在课堂教学中，把游戏应用于教学，可以为他们营造一个轻松、愉快的学习环境。用游戏活动作为调节器进行课堂教学，效果特别好。让学生在课堂无意识玩耍，既能娱乐身心，又能学到知识与技能。

例如，在《眼耳口鼻》一课中，我把儿歌《小手拍拍》改编成课前游戏："小手小手拍拍，我把小手伸出来；小手小手拍拍，我把耳朵指出来；小手小手拍拍，我把眼睛指出来；小手小手拍拍，我把鼻子指出来；小手小手拍拍，我把嘴巴指出来；小手小手拍拍，我把小手收回来。"这样的改编，让常规训练有趣化，完成了行为规范养成的训练，收到了"润物细无声"的效果，又为本节课新授知识做铺垫，学生边跟着老师拍手边读着儿歌，不知不觉进入课堂学习。

再如，在《爱护牙齿》的课堂上，学习了"牙齿"一词后，我穿插播放动画儿歌视频《牙刷火车》，孩子们在视听中既巩固了学习内容，提高了学习兴趣，疲劳感得到缓解，又为下一环节的学习做好铺垫。在学习了"开心"一词后，我不仅让学生通过图片感知了"开心与伤心"的区别，还让学生上台演一演"开心与伤心"的表情，学生通过演一演，把自己对"开心与伤心"的理解直观形象地表达出来。

三、生活模拟，达成能力

语文教学，特别是特殊教育语文教学，应该树立"生活处处皆语文"的大语文观，在教学中以学生为主体，让学生走出课堂、走入生活。要遵循学生身心发展规律和核心素养形成的内在逻辑，以生活为基础，以语文实践活动为主线，以学习主题为引领，以学习任务为载体，整合学习内容、情境、方法和资源等要素，设计语文学习任务群，学习任务群的安排注重整体规划，根据学段特征，突出不同学段学生核心素养发展的需求，体现连贯性和适应性。

例如，在《问好再见》的课堂教学上，我不仅设计了让学生回忆自己每天来到学校时向老师问好、离开学校时说再见的情景，还让学生回忆每天离开家跟家人说再见、回到家问好的情景，还拓展到跟亲戚朋友问好与再见的情景。在学习过程中，利用图片来增加直观形象性，学习词语“你好、再见”后，让学生通过情景模拟练习，演一演：跟老师问好、再见，跟同学问好、再见，跟亲戚朋友的问好、再见。这里，不仅勾起了孩子们存在已久的生活经验，还学习到了知识，得到了与人打招呼的强化训练。

再如，在《大扫除》的课堂学习中，我不仅课前收集了孩子们平时扫除活动的照片，还让家长配合，收集他们过春节大扫除的图片及视频，多环节适时出示，然后，在学习后，根据学校工作的安排，让孩子们进行大扫除活动，运用自己在课堂上学到的知识。就这样，教师在课堂教学中渗透生活化的因素，以生活经验为中心，在学科知识的学习中融入一些生活能力的训练，使得课堂教学生活化得到落实，促使孩子们更好地发展，为他们的未来生活打好基础。

教学风格不是一蹴而就的，也不是一成不变的，在不同时期的教学旅程中，教学风格也许会有变化，但是我坚守教坛的初心不变。

培智学校生活语文《爱护牙齿》教学课例

【教学内容分析】

《爱护牙齿》是选自人民教育出版社培智学校义务教育实验教科书《生活语文》三年级上册第二单元个人生活中的一篇课文。本单元围绕个人生活编排了《鞋》《爱护牙齿》《小台灯》3篇课文和《语文小天地二》。本课课文是一首爱护牙齿的小儿歌："小牙齿，上下排，开心一笑露出来。定期检查勤漱口，早晚刷牙白又白。从小养成好习惯，牙齿健康人人爱。"该课的场景图呈现的是妈妈陪乐乐去医院检查牙齿，医生叔叔给乐乐讲解刷牙方法的场景，课文配有2幅小图，展现的是乐乐听从牙医的建议，早晚刷牙、饭后漱口的景象，课文配图贴切地展现了学习的内容。在课堂上播放相关视频或展示图片，帮助学生理解课文内容，理解词语"牙齿""开心"。让学生知道要养成爱护牙齿、早晚刷牙、饭后漱口、定期检查牙齿的良好卫生习惯。课文下方呈现了本课要学习的词语"牙齿""开心"和汉字"牙""齿""心"，其中"牙"是基础认读目标，"齿""心"是弹性认读目标。

教学内容的功能在于：1.贯彻落实培智义务教育的国家课程标准，体现课改提出的目标导向的教学理念，彰显生活语文课程的工具性、人文性、生活性相统一的基本特点。2.以学生生活经验为基础。生活语文课程要引导学生扩大生活经验范围，丰富语言积累，丰富形象思维。因此，充分利用学生已有生活经验，围绕学生所处的生态和实际生活选择、调整教学内容，体现课改提出的以生为本的精神、理念。3.以学生生活实际为核心。生活语文着眼于满足学生的生活需要，按照学生的生活经验和生存需要，以生活为核心组织课程内容，注重语文知识与生活的联系，既注重现实生活的需求，又注重社会发展的需要。让学生通过语文学习，提高学生生活质量，帮助学生融入社会。4.养成良好的习惯。要依据学校学生的能力和生活环境，充分利用一切教育资源，让学生感知语言、丰富体验、有效参与，发展学生的语言运用能力，促进学生主动参与、积极体验、能动发展。培养学生养成良好的习惯，为学生今后顺利融入社会奠定基础。

本课教学设计分为4个课时，本课时是第一课时，主要学习两个词语“牙齿、开心”，认识汉字“牙”“齿”“心”，描红和抄写汉字“牙”，初步了解爱护牙齿的重要性。第二课时巩固词语“牙齿”“开心”，学习理解课文的小儿歌的前两句：“小牙齿，上下排，开心一笑露出来。”第三课时学习理解课文的小儿歌的后两句：“定期检查勤漱口，早晚刷牙白又白。从小养成好习惯，牙齿健康人人爱。”学习正确刷牙的方法，跟着老师朗读课文，知道要爱护牙齿，逐步养成早晚刷牙、饭后漱口的好习惯，懂得爱护牙齿的重要性。第四课时复习全文，结合场景说句子和联系个人生活实际说说爱护牙齿的情况。

【学情分析】

本班学生共9人，3女6男。其中，智力障碍者4人（唐氏综合征1人），自闭症者1人，病弱者1人，多重障碍者3人。

雷某茹（女）：11岁，智力二级，能理解一般的复杂语言，能使用多个复杂语句进行沟通；有自己刷牙的经验，知道刷牙可以保护牙齿的常识；专注力时长约20分钟；能在合适的情境下进行恰当的简单回应；能主动与人沟通，口语表达能力较强，能运用眼神、手势等动作进行沟通；能听词语，找出相应的图片，进行图文配对游戏，有一定的记忆；能独立完成简单的描红/抄写任务；能遵循课堂规则，乐于帮助同伴，积极主动参与课堂活动。

陈某晃：11岁，智力二级，能理解一般的语言，会使用简单的语言进行沟通，专注力时长约15分钟；有自己刷牙的经历，知道刷牙可以保护牙齿的常识；能回忆已有的经历；能在较少协助下听词语，找出相应的图片，进行图文配对游戏；能独立完成简单的描红/抄写/描红；能积极参与课堂活动；对自我感兴趣的事情兴趣较高，愿意和同学一起学习。

黄某林：10岁，智力二级，能理解一般的语言，会使用简单的语言进行沟通，专注力约12分钟；有自己刷牙的经历，知道刷牙可以保护牙齿的常识；能回忆已有的经历；能在较少协助下进行听词语，找出相应的图片，进行图文配对游戏；能独立完成简单的描红/抄写；能积极参与课堂活动；愿意和同学一起学习。

陈某年：10岁，自闭症，能理解一般的复杂语言，能使用多个复杂语句进行沟通；有自己刷牙的经验，知道刷牙可以保护牙齿的常识，专注力时长约8分钟；能在合适的情境下进行恰当的简单回应；能在语言提示下与人沟通，口语表达能力较强但表现欲望弱，能听词语，找出相应的图片，进行图文配对游戏，有较好的记忆；能完成简单的描红/抄写任务；在老师的动作提示和语言提示下参与课堂活动。

李某洁（女）：10岁，唐氏综合征，能理解日常语言对话，会使用简单的词语沟通，专注力时长约20分钟；生活经验丰富，有自己刷牙的体验和懂得要刷牙的概念；能在较少的协助下完成简单的描红/抄写；能遵循课堂规则，积极主动参与课堂活动。

东方某豪（男）：9岁，病弱儿童，大小便失禁，能理解一般的复杂语言，能使用多个复杂语句进行沟通；能听词语，找出相应的图片，进行图文配对游戏，有较好的记忆和较强的语言表达能力；能独立完成简单的描红/抄写；有自己刷牙的经验，知道要爱护牙齿就要刷牙的常识，专注力时长约20分钟；乐于帮助同伴，积极主动参与课堂活动，表现欲望强。

东方某嘉（女）：9岁，多重障碍。能理解一般的复杂语言，能使用多个复杂语句进行沟通；能听词语，找出相应的图片，进行图文配对游戏，有较好的记忆，但是手部能力弱，语言表达口齿不清，理解能力一般；能在辅助下完成简单的描红/抄写；有自己刷牙的经验，知道要爱护牙齿就要刷牙的常识，专注力时长约12分钟；乐于帮助同伴，积极主动参与课堂活动，表现欲望强。

谢某毅：11岁，多重障碍，能理解一般的简单语言，能使用单个字进行沟通；能听词语，在老师的辅助下找出相应的图片，进行图文配对游戏，语言表达弱，还在单字阶段；没有自己刷牙的经验，知道要爱护牙齿就要刷牙的常识，集中注意力的时间约8分钟；手部动作不协调，描红/抄写需要辅助才能完成；能在老师的语言提示或者动作提示下参与课堂活动。

许某杭：10岁，多重障碍，能理解一般的简单语言，没有口语表达能力，能在老师的语言提示或者辅具帮助下进行沟通；能听词语，能在图片提示下找出相应的图片，进行图文配对游戏，理解能力一般；没有自己刷牙的经验，知道要爱护牙齿就要刷牙的常识，集中注意力的时间约8分钟；手部动作不协调，描红/抄写需要辅助完成；乐于帮助同伴，能在老师的语言动作提示下参与课堂活动。

【教学目标】

课程目标：

1.能听懂常用的词语，并作出适当回应，能听懂生活中的常用语言，能区别一般图形与汉字。

2. 能认读生活中常用汉字10—50个(例如:姓名、校名等),知道图片上的文字和画面是对应的,文字是用来表达画面意义的。

3. 能结合图片的内容,理解词、句的意思,初步养成良好的习惯。

元目标:

1.1 听词语,能找出相应的图片,能正确认读或指出词语"门口""牙齿""开心""台灯""红色""灯光"。

2.1 能读出/指出生活常用汉字"鞋""家""牙""齿""心""叉""台""灯"。

2.2 能读出/指出词语"门口""牙齿""开心""台灯",能跟读/指出词语"红色""灯光"。

3.1 能结合图片的内容,理解词语"门口""牙齿""开心""台灯""红色""灯光"的意思。

3.2 结合场景图片的内容,能跟读/指出句子"黑色的皮鞋是爸爸的,红色的高跟鞋是妈妈的/大大小小的鞋放在一起,就像大大小小的船""我们要爱护牙齿/我们要早晚刷牙""我的小台灯亮了/我在灯光下写字,画画",养成良好的习惯。

周目标:

1.1.1 能找出或指出相应的图片,能读出或指出词语"牙齿""开心"。

2.1.1 能读出/指出生活常用汉字"牙""齿""心",能描红/抄写汉字"牙"。

2.2.2 能读出/指出词语"牙齿""开心"。

3.1.1 能结合图片的内容,理解词语"牙齿""开心"的意思。

3.2.2 结合场景图片的内容,能跟读/指出句子"我们要爱护牙齿/我们要早晚刷牙",养成良好的个人卫生习惯。

班级课时目标:

1.1.1.1 听词语,能找出或指出相应的图片,通过图文配对熟练跟读出或指出词语"牙齿""开心"。

2.1.1.1 能读出/指出词语"牙齿""开心",能读出/指出生活常用汉字"牙""齿""心",能描红/抄写汉字"牙"。

3.1.1.1 能通过观察图片、观看视频,找出/演一演"牙齿""开心"。

3.2.2.2 结合场景图片的内容,初步说出/比画出爱护牙齿的方法,初步了解保护牙齿的重要性。

个性目标:

对　象	听词语，能找出或指出相应的图片，通过图文配对熟练跟读出或指出词语“牙齿”“开心”	能读出/指出词语“牙齿”“开心”，能读出/指出生活常用汉字“牙”“齿”“心”，能描红/抄写汉字“牙”	能通过观察图片、观看视频找出/演一演“牙齿”“开心”	结合场景图片的内容，初步说出/比画出爱护牙齿的方法，初步了解保护牙齿的重要性
雷某茹	✔	✔	✔	✔
陈某晃	✔	✔	✔	✔
黄某林	✔	图片提示+动作辅助	✔	语言提示
陈某年	✔	✔	✔	语言提示
李某洁	✔	✔	✔	语言提示
东方某豪	✔	✔	✔	✔
东方某嘉	✔	动作辅助	✔	图片提示/语言提示
谢某毅	语言提示	图片提示+动作辅助	图片提示	图片提示/语言提示
许某杭	图片提示	图片提示+动作辅助	图片提示	图片提示/语言提示

【教学重点难点】

重点：能读出/指出词语“牙齿”“开心”，找出/指出“牙齿”“开心”词语对应的图片，认识汉字“牙”“齿”“心”，描红/抄写汉字“牙”。

难点：结合场景图片的内容，初步说出/比画出爱护牙齿的方法，初步了解保护牙齿的重要性。

【教学方法】

情境教学法、直观演示法、讲授法。

【教学环境与教学资源】

培智学校义务教育实验教科书《生活语文》三年级上册课本，教学PPT，“牙齿、开心”的图卡和词卡，“牙”“齿”“心”的字卡，田字格磁贴，牙齿模型，真实的牙刷，造型可爱的卡通形状棒棒糖，红花贴纸。

【教学过程】

一、准备活动

教师组织教学：向学生问好，组织纪律。

（出示PPT乐乐背书包的图片）今天，看看谁和老师一起来跟小朋友上课。乐乐小朋友和你们问好。小朋友们好！我们也和他打个招呼。

学生看图片（乐乐的图片），回答老师的问题，跟乐乐打招呼：乐乐，你好！

师：乐乐带来了一个神秘的袋子，大家猜一猜里面有什么？

学生猜一猜，摸出神秘礼物（牙齿模型和增强物）并展示出来。

师：今天，乐乐小朋友和你们一起学习怎样爱护牙齿。揭题：爱护牙齿。

师：（出示PPT"爱护牙齿"并用磁卡把题目贴在黑板上，领读题目）爱护牙齿要用到什么呢？（PPT出示牙齿和牙刷图片。）

学生跟读题目。

【设计意图】在导入环节，教师通过谈话，出示陪伴了他们2年多的学习伙伴"乐乐"，利用学习伙伴乐乐来参加课堂学习，并且借助乐乐带来的神秘袋子中来导入，激发学生的好奇心，引起学生参与课堂学习的兴趣。学生从神秘袋子摸出牙齿模型和牙刷后，初步解释牙齿的功能并引出本节课的课题"爱护牙齿"，巧用增强物棒棒糖来激发学生参与课堂的兴趣。

二、发展活动

1.学习词语：牙齿。

师：（教师出示牙齿模型）乐乐带来的牙齿模型是怎样的？

学生摸一摸牙齿模型，认真观察，自由发言。

师：这是牙齿模型，我们的牙齿就是这样的，分为上下两排。（教师用PPT出示检查牙齿图片，引导学生观察。）

师：图片里有谁？他在干什么？

学生打开书本，回答问题。

师：图片里还有个穿白大褂的人是谁？他在干什么？

师：这是乐乐妈妈带乐乐在看牙医，牙医在为乐乐检查牙齿。

师：医生如何向乐乐介绍牙齿的？（教师用PPT出示课文，引导学生初读课文一次或两次）。

学生跟读课文。教师用PPT出示检查牙齿图片，引出学习词语"牙齿"。学生观察图片。

教师：医生在干什么？

学生回答问题。

师：这是医生给乐乐检查牙齿。

师：下面我们一起来学习词语“牙齿”。

师：领读。在黑板上贴上“牙齿”的图卡和词卡。

学生跟读词语。

师：你的牙齿在哪里？

学生指出自己的牙齿在哪里。

教师辅助有困难的学生，矫正其读音。

学生观察牙齿图片，指一指牙齿在哪里，跟读词语“牙齿”。

师：（PPT出示健康与不健康的牙齿图片）你喜欢哪幅图上的牙齿？为什么？

师：我不喜欢黑色的牙齿，因为那幅图上的牙齿有黑黑的斑点，还有黑色的洞，这是坏的牙齿，我不喜欢。

学生观察图片，听老师的介绍。

师：我们要怎么做才会让牙齿白白的？我们要正确刷牙才行？我们一起来看看怎么正确刷牙吧？（出示动态刷牙PPT，感知刷牙方法。）

学生观看动态刷牙方法视频。

教师用牙齿模型和牙刷示范正确刷牙方法。

学生观察老师示范刷牙方法。

过渡：小朋友，通过刚才的学习，我们都知道了保护牙齿就要好好刷牙，下面让我们一起来跟生字宝宝交朋友吧。

认识汉字“牙”“齿”，描红/抄写生字“牙”。

师：（多媒体示：牙齿的图片）大家爱护牙齿，牙齿白白的，多健康。看牙齿宝宝跳出来跟我们交朋友了，我们大声喊出它的名字。

学习汉字“牙”。

师：（出示字卡）“牙”，领读“牙”，这是“牙”字，然后在黑板上贴上字卡“牙”。

学生观察汉字，跟读汉字“牙”，这是“牙”字。

教师辅助发音困难学生，纠正读音。发音困难学生，跟读汉字“牙”。

师：（出示田字格生字“牙”，指导学生观察“牙”字的字形结构，）“牙”字上面的“横”和下面的“竖折”就像小朋友牙齿上排和下排，“竖钩”就像一个小牙刷，“撇”就像我们拿着牙刷轻轻地刷牙。

学生观察字形结构，认真聆听老师讲授。

师：（出示动态的汉字“牙”的笔顺书写，指导学生观察生字“牙”在田字格的正确书写）老师把生字宝宝“牙”字请回田字格家里坐得端端正正的，你看生字宝宝“牙”在田字格家里坐得多舒服呀。你们想把生字宝宝请回你的田字格家里吗？

学生认真观察“牙”在田字格里的笔顺书写，回答老师问题。

师：（出示多媒体：动态笔顺，老师在黑板田字格板写“牙”）我们一起来跟着这里书空一下笔顺吧。

学生跟着“牙”的动态笔顺书空练习。

师：（分发汉字“牙”的描红抄写纸）小朋友书空得真好。下面，我们一起来描一描、写一写吧。

学生认真按描红纸抄写“牙”字。

教师巡视指导，辅助书写有困难的学生。

师：小朋友刚才写的字太棒啦！连生字宝宝“齿”也吸引过来了，我们一起来跟它打招呼吧。

认识生字“齿”。

师：（出示字卡“齿”）我们一起来跟生字宝宝“齿”打招呼。这是“齿”字。

学生跟读生字“齿”。

教师辅助发音困难学生。

发音困难学生，跟读生字“齿”。

过渡：小朋友，你们刚才学得太棒啦！词语“牙齿”奖励你们一首好听的儿歌《牙刷火车》，下面我们一起来看看、听听、唱唱。

课间休息：多媒体视频《牙刷火车》。学生边看边跟唱。

2. 学习词语：开心。

师：（出示白白的牙齿开心笑的图片）这是什么？你有这么白白的牙齿开心吗？

学生观察图片，回答问题。

师：我们一起来学习词语“开心”吧。（领读，在黑板上贴上词卡：开心）

学生跟读词语。

教师辅助有困难的学生，矫正其读音。

学生跟读词语。辨别练习。

师：什么是开心，什么是不开心，我们一起来看看图片。（出示“开心”与“不开心”的真人表情图，加深对“开心”的理解。）

学生观察，辨别理解。

师：小朋友，什么是开心的表情，你会演一演吗？

学生演一演“开心”的表情。

认识汉字“心”。

过渡：小朋友表演得真好！生字宝宝“心”跑过来，让我们找一找，它在哪里，我们快快招呼一下它吧。

教师出示字卡“心”，领读生字“心”后，再在黑板上贴上字卡“心”。

学生观察生字“心”，跟读生字“心”，这是“心”字。

教师辅助发音困难学生。

发音困难学生，跟读生字“心”。

【设计意图】

发展活动主要学习了两个词语“牙齿”“开心”，认识了三个生字“牙”“齿”“心”，描红/抄写了一个生字“牙”。两个词语的学习都是由学习新知、辨别理解、拓展延伸/迁移构成，充分利用课文插图来为新课学习服务，形象直观的课文插图，激发学生学习的兴趣。本课课文的插图是妈妈陪乐乐去医院检查牙齿，医生叔叔给乐乐讲解刷牙方法的场景。在学习词语“牙齿”时，首先借助牙齿模型摸一摸、看一看，感受其触感及观察其颜色，接着借助课文第32页检查牙齿插图，引导学生观察，从而建立“健康牙齿”的概念，然后进行小结，进而引出课文，初步感知课文，这时又出示词语“牙齿”，引导学生结合图片学习词语“牙齿”。

学习了词语“牙齿”之后，再对比健康牙齿和不健康牙齿，引出想要有健康牙齿就要爱护牙齿，要正确刷牙，利用动态PPT进行一个刷牙方法的拓展延伸，接着过渡到认识生字“牙”“齿”和生字“牙”的描红/抄写，最后利用视频儿歌《牙刷火车》过渡到下半节的学习，这既是对学生新学的知识进行巩固，又是进行课间休息，缓解疲劳，为下一个词语“开心”的学习埋下伏笔，顺利过渡到对词语“开心”的学习。

学习词语“开心”前，先借助开心的表情图片让学生从视觉上感受“开心”的表情，接着引出“开心”的图片，然后结合图片学习词语“开心”，紧接着将“开心”与“不开心”的图片进行对比，加深对“开心”一词的理解，最后通过做一做、演一演“开心”与“伤心”的表情，加深理解“开心”词语的意思，接着过渡到对生字“心”的认识。

巩固练习：

1. 我会指。教师出示PPT，并发出指令“牙齿”“开心”。学生听指令找词语。

2.摘苹果游戏。教师用PPT出示苹果树,发出指令“牙齿”“开心”。学生听指令,点击苹果,认读词语。

3.图卡对对碰游戏。教师发出指令“牙齿”“开心”。一学生听指令上台进行图文配对,并大声领读词语,其他学生跟读词语。

4.我会圈。教师发出指令“牙齿”“开心”。学生听到指令以后,在课文中圈出本节课学习的课题和两个词语。

【设计意图】设计的4道巩固练习,层层递进,兼顾了全体学生又考虑到不同层次学生的接受程度。题目既有集体训练,又有个别化训练;在练习中让学生体验当小老师,品尝成功的愉悦;也可以训练学生动手圈画动作,回归到文本。

三、综合活动

师:(引导学生看板书,回忆本节课所学内容)今天我们学习了词语“牙齿”“开心”,知道了爱护牙齿就要好好刷牙,还学习了正确的刷牙方法。你们都学会了吗?

师:现在,我们一起来看看你们这节课的表现怎么样?表现好的同学老师奖励你们一颗好吃的甜甜的棒棒糖。想要吗?但是,我们也不能因为零食好吃就多吃,特别是糖果,吃完了一定要喝一口凉开水漱口,早晚要刷牙,好好保护牙齿。

四、板书设计

爱护牙齿

 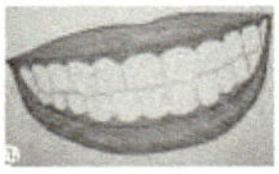

牙齿　　　　开心

牙　　齿　　心

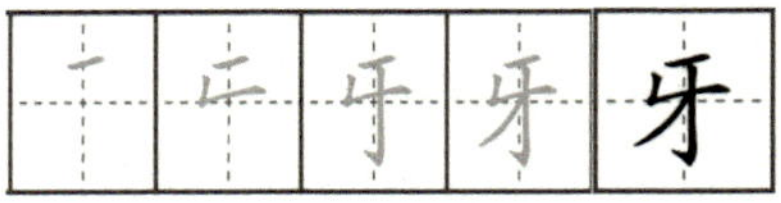

五、作业布置

1.能指读出词语“牙齿、开心”,每个词语读10遍。

2.家长拍学生正确刷牙的视频,发送给教师。

【设计意图】总结本节课所学知识,用“好吃的零食也不能多吃”等语言来进行情感教育,引出有关保护牙齿的句子,既作为拓展延伸的内容,又为下节课学习句子做铺垫。布置个别化作业，为了将课堂上学到的知识技能拓展到生活中，进行运用，让学生在实践中形成能力，养成卫生习惯。

【教学反思】

亮点：

本节课教学比较顺利，课堂气氛比较轻松、活泼，达到了预期的教学目标，多媒体教学课件起到了很好的辅助作用。《牙刷火车》视频、动态的刷牙图，让学生在学习词语上起到了独有的作用。教师简洁语言的渲染，使文本之间产生思想上的共鸣。特别是在学习字词、复习字词、练习巩固等环节，利用了活泼新颖的教学形式，真正达到了玩中学、乐中学的目的。学生在自主、探究的学习过程中，既学到了知识，又锻炼了能力，真正营造出了民主、平等、共进的课堂氛围。

感触深刻的有以下几点：

1. 内容贴近生活。本节课的教学内容贴近学生生活，并且采用了直观手段教学。课堂教学中利用了不同颜色、形态的牙齿对比图，能够让学生对牙齿健康与否有深入的认识。

2. 教具源于生活。考虑到培智生理解能力弱，选取了与贴近生活的教具，把新知识与学生已有的生活经验联系起来，提高学生对新知的理解。在本节课的教学中，借助了神秘袋、牙齿模型、小镜子等教具，增加学生的动手操作机会、丰富了学生不同的体验感受。

3. 外延回归生活。课堂总结时，再次回到板书课题，巩固练习能够回归文本，符合了培智生记得慢、忘得快的特点，让学生在反复训练与强调中得到强化。最后的作业设计回归生活，便于学生把学到的知识活学活用。

不足与反思：

1. 经验利用不充分。在解释词语“开心”时，可以出示学生平时开心的生活照或小视频作为辅助来表达有关“开心”的事情，会有助于学生更好地理解“开心”一词的意思。

2. 分组练习不明显。如果运用希沃软件给学生做练习，设计层次按照“C—B—A”的顺序开始，由易到难展开，然后，A组、B组学生在上讲台做练习时，若同时给C组学生看相关的图片，将会加深C组学生对重点内容的理解，然后在每一次游戏结束后，做简评，这样效果会更好。

3. 内容联系不延续。学习词语时，延伸的相关短句应与课文内容有所联系，尽量使每个课时的教学内容保持具体、密切的联系。

4.语言激励不丰富。在课堂中，老师应引导学生以多种形式读词语，丰富课堂的鼓励语言，帮助学生建立自信。课堂练习题难度较高，应根据学生具体能力情况适当调整分层练习。

5.课堂提问不高效。应加强课堂中的有效提问。如：在借助小镜子看自己的牙齿时，可以进行个别提问："你的牙齿是什么颜色的？"了解学生观察牙齿后的反馈。又如：在奖励糖果时，问："有糖果吃，你们开心吗？糖果甜不甜？你们的心情如何？"引导学生回答出本节课学习的重点词语之一"开心"。

6.文本利用不充分。在课堂教学中，未能最大限度地使用文本，例如在课堂总结时，可以再次回到板书课题，在课题"爱护牙齿"下方画上横线，点明主题。

每一次的课堂教学，都是一种进步，反思自己的课堂教学成功与否，虽不完美但将会让我正视不足，继续努力深耕。